교과서의 낱말을 다양한 문제 유형을
통해 재미있게 익힌다!

공습국어
초등어휘의 특징

 하나 초등 교과서에 나오는 낱말로 문제 구성

공습국어 초등어휘는 국어, 수학, 사회, 과학 등 초등 전 교과에서 낱말을 발췌하여 문제를 구성하였습니다. 각 회별로 8~10개의 낱말이 교과 영역에 따라 들어 있으며 권당 250~300개 정도의 낱말을 익힐 수 있습니다. 따라서 교재에서 다루고 있는 낱말을 익히다 보면 해당 교과의 내용을 이해하는데 많은 도움이 될 것입니다.

 둘 상황에 따라 낱말이 가지는 복합적 의미 이해

사전에 명시된 낱말의 기본적인 의미뿐만 아니라 상황을 유추하여 적절한 낱말을 찾는 활동, 같은 글자이지만 상황에 따라 전혀 다른 의미를 갖는 낱말을 고르는 활동, 여러 낱말을 보고 공통으로 연상되는 낱말을 찾는 활동을 통해 낱말이 가지는 복합적 의미를 파악하는 데 중점을 두고 학습할 수 있도록 했습니다.

 셋 바른 글쓰기를 위한 맞춤법 훈련

성인들도 글을 쓸 때 잘못된 낱말을 사용하거나 띄어쓰기가 틀리는 경우가 많이 있습니다. 이것은 한글 맞춤법에서 규정하고 있는 몇 가지 원칙만 제대로 이해한다면 충분히 개선할 수 있습니다. 특히 초등 단계에서부터 한글 맞춤법에 대해 의식적으로 알아보고 관련 문제들을 자주 접해 본다면 바르게 글을 쓰는데 큰 자신감을 갖게 될 것입니다. 공습국어 초등어휘에서는 '낱말 쌈 싸먹기' 꼭지를 통해 매회 한글 맞춤법 연습을 할 수 있으며 이러한 맞춤법 연습을 원활하게 할 수 있도록 하기 위해 135쪽에 '한글 맞춤법 알기'를 별도로 마련했습니다.

 넷 재미있고 다양한 문제 유형으로 구성된 학습 과정

공습국어 초등어휘는 여러 가지 문제 유형을 통해 다양하게 낱말을 습득하고 활용할 수 있도록 구성하고 있습니다. 특히 본격적인 문제 풀이에 들어가기 전 낱말 퍼즐 형식의 '가로·세로 낱말 만들기'로 두뇌 워밍업을 할 수 있도록 했으며, 아울러 앞선 회의 낱말도 복습할 수 있도록 했습니다. 또한 '낱말은 쏙쏙! 생각은 쑥쑥!' 꼭지의 문제들은 그림이나 퀴즈 형식을 이용하여 지루하지 않게 공부할 수 있습니다.

교재 구성 한눈에 보기

가로·세로 낱말 만들기

'가로·세로 낱말 만들기'는 본격적인 문제 풀이를 하기 전 가볍게 머리를 풀어보는 준비 단계의 의미와 앞선 회에서 공부한 낱말을 찾아서 만들어 봄으로써 한 번 더 낱말을 익힌다는 복습의 의미를 함께 갖고 있습니다. 적게는 3개 많게는 5개 정도 앞선 회에서 배운 낱말을 주어진 글자와 연결 낱말을 이용해 찾아야 합니다. 낱말 만드는 자세한 방법은 7쪽을 참고해 주세요.

주어진 연결 낱말을 이용하여 낱말을 만들어보세요. 단 색이 칠해진 칸에는 낱말을 쓸 수 없습니다.

만들어야 할 낱말의 개수와 도전 시간이 표시되어 있고, 만든 낱말의 개수와 걸린 시간을 적습니다.

글자를 조합하여 앞선 회에 배운 낱말이 있는지 찾아봅니다.

낱말은 쏙쏙! 생각은 쑥쑥!

어휘력 학습을 본격적으로 시작하는 꼭지입니다. '그림으로 낱말 찾기', '낱말 뜻 알기', '낱말 친구 사총사', '연상되는 낱말 찾기', '짧은 글짓기'의 5개 코너로 구성되어 있습니다.

걸린 시간 해당 단원을 푸는 데 걸린 시간을 적습니다.

그림으로 낱말 찾기 원으로 표시된 그림 부분을 보고 유추할 수 있는 낱말을 보기에서 고릅니다.

낱말 뜻 알기 낱말의 기본 의미를 알아보는 코너로 □ 안의 첫 글자를 보고 알맞은 낱말을 적습니다.

공습국어 초등어휘는 모두 30회 과정이며 각 회별로 '가로·세로 낱말 만들기', '낱말은 쏙쏙! 생각은 쑥쑥!', '낱말 쌈 싸 먹기'의 3가지 꼭지가 있습니다.

낱말 친구 사총사 낱말이 가지는 다양한 의미와 낱말 사이의 관계를 알아보는 코너입니다. 네 친구의 말 중 지시문의 물음에 맞는 것을 고르세요.

그림으로 낱말 찾기 원으로 표시된 그림 부분을 보고 유추할 수 있는 낱말을 보기에서 고릅니다.

짧은 글짓기 문장 형식에 맞게 짧은 문장을 만들어 봅니다. 주어진 낱말이 반드시 들어가도록 문장을 만들어 보세요.

낱말 쌈 싸 먹기

'낱말 쌈 싸 먹기'는 맞춤법, 띄어쓰기 코너를 통해 올바른 낱말 표기를 위해 꼭 알아야 할 규칙을 알아봅니다. 또한 관용어와 한자어 꼭지를 통해 상황에 어울리는 속담이나 격언을 찾고, 문장의 의미에 맞는 한자어나 사자성어를 알아봅니다.

맞춤법 두 낱말 중 맞춤법이 올바른 낱말을 찾거나, 맞춤법이 틀린 낱말을 찾아 바르게 고쳐 써 봅니다.

띄어쓰기 두 낱말 중 띄어쓰기가 올바르게 된 낱말을 고릅니다.

관용어 □를 채워 그림이 표현하는 상황에 어울리는 속담이나 격언 등의 관용어를 만들어 봅니다.

한자어 자연스러운 문장이 되도록 □ 안에 들어갈 알맞은 한자어나 사자성어를 찾아봅니다.

꾸준함이 어휘력을 키우는
가장 좋은 방법입니다!

공습국어
초등어휘의 활용

하나 · 처음 일주일 정도는 아이와 함께 하세요

공습국어 초등어휘의 코너 구성과 문제 유형을 아이가 이해할 수 있도록 일주일 정도는 아이와 함께 문제를
풀어보세요. 각각의 문제 유형을 설명해주고, 채점을 통해 아이에게 미진한 부분이 있으면 다시 설명해주면서
아이가 혼자서도 충분히 문제를 해결할 수 있도록 도와주세요.

둘 · 꾸준히 학습할 수 있는 환경을 만들어 주세요

매일 1회분씩 학습 진도를 나가는 것이 가장 이상적이긴 하지만 현실적으로 불가능한 경우가 많습니다. 따라서
매일이 아니더라도 꾸준히 교재를 볼 수 있도록 학습 스케줄을 잡아 주세요. 이때 부모님이 일방적으로 결정하지
마시고 아이와 충분히 상의하여 가능한 아이의 의견이 반영되도록 해 주세요.

셋 · 1권부터 순서대로 학습할 수 있도록 해 주세요

공습국어 초등어휘 심화 단계는 문제 유형이나 내용이 기본 단계에 비해 다소 복잡하거나 어렵습니다. 따라서
어휘력 학습을 처음 시작하는 경우라면 기본 단계부터 순서대로 교재를 보는 것이 좋습니다. 물론 이전에 어휘력
교재를 보았거나 국어 실력이 상위권이라면 심화 단계부터 시작해도 괜찮습니다.

넷 · 문제 풀이에 걸리는 적정한 시간은 10분 내외입니다

문제를 푸는 데 걸리는 시간은 대략 10분 정도면 충분합니다. 하지만 문제 유형이 익숙하지 않은 초반에는 이보다
시간이 더 걸릴 수도 있습니다. 따라서 일정 기간 동안은 시간에 구애 받지 않고 편하게 문제를 풀면서 교재에
적응할 수 있도록 해 주세요.

다섯 · 낱말 쌈 싸 먹기 문제는 이렇게 준비해 주세요

'낱말 쌈 싸 먹기' 문제는 한글 맞춤법과 관용어의 의미를 알고 있어야 문제를 해결할 수 있습니다. 따라서
11~12쪽에 있는 '알쏭달쏭 낱말 알기'와 '관용어 알아보기'를 틈틈이 확인해서 그 내용을 아이가 기억할 수 있도록
해주세요.

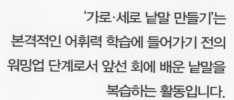
가로·세로 낱말 만들기는 이렇게 풀어요!

> '가로·세로 낱말 만들기'는 본격적인 어휘력 학습에 들어가기 전의 워밍업 단계로서 앞선 회에 배운 낱말을 복습하는 활동입니다.

1회에서는 낱말 만들기를 연습합니다. 이미 만들어야 한 낱말이 제시되어 있는데, 글자 표에서 해당 낱말을 찾아본 다음 낱말 판 안의 낱말을 연결하여 해당 낱말을 만들어 봅니다.

2회부터 실제 낱말 만들기를 하게 되는데 이때 낱말 판 안에 낱말을 만들 때 꼭 알아두어야 할 기본 규칙이 있습니다.

- 낱말 판 안에 제시된 낱말을 연결하여 낱말을 만들어야 합니다.
- 낱말 판 안에 색이 칠해진 칸에는 낱말을 만들 수 없습니다.
- 글자는 한 번만 사용 가능하며 중복하여 사용할 수 없습니다.
- 국어사전에 등재되지 않은 낱말은 쓸 수 없습니다.

이 네 가지 기본 규칙을 꼭 기억해서 낱말을 만들 때 실수하지 않도록 하세요.
그럼 낱말을 만드는 기본 순서를 알아볼까요?

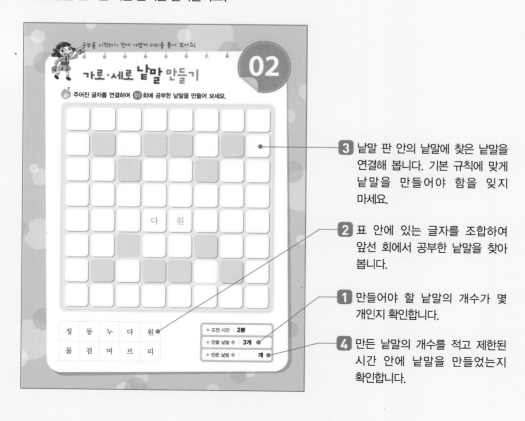

3 낱말 판 안의 낱말에 찾은 낱말을 연결해 봅니다. 기본 규칙에 맞게 낱말을 만들어야 함을 잊지 마세요.

2 표 안에 있는 글자를 조합하여 앞선 회에서 공부한 낱말을 찾아 봅니다.

1 만들어야 할 낱말의 개수가 몇 개인지 확인합니다.

4 만든 낱말의 개수를 적고 제한된 시간 안에 낱말을 만들었는지 확인합니다.

'낱말은 쏙쏙! 생각은 쑥쑥!'은 이렇게 풀어요!

그림으로 낱말 찾기

'그림으로 낱말 찾기'는 사물의 이름이나, 동작 혹은 어떤 상태나 느낌 등을 나타내는 낱말을 그림을 보면서 유추해보는 활동을 하는 꼭지입니다. 동그라미로 표시된 그림 부분이 아래 보기의 낱말 중 어느 것에 해당하는 지 찾아본 다음, 알맞은 낱말을 □ 안에 적습니다. 그림은 보는 사람에 따라 여러 가지 낱말로 만들 수 있기 때문에 반드시 보기에 제시된 낱말 중에서 가장 알맞은 낱말을 선택해야 합니다.

그리고 □ 위에는 낱말이 가리키는 품사가 적혀 있는데 보기 중에 정답으로 쓸 수 있는 낱말이 두 개 이상 있다면 제시된 품사에 맞는 낱말을 적어야 합니다. 참고로 각각의 품사가 가지고 있는 의미는 다음과 같습니다.

- **이름씨** : 사물의 이름을 나타내는 품사
- **움직씨** : 사물의 동작이나 작용을 나타내는 품사
- **그림씨** : 사물의 성질이나 상태를 나타내는 품사
- **어찌씨** : 다른 말 앞에 놓여 그 뜻을 분명하게 나타내는 품사

낱말 뜻 알기

'낱말 뜻 알기'는 낱말의 기본적인 뜻을 알아보는 활동입니다. 낱말의 뜻을 알기 위해서는 설명하고 있는 글의 □를 채워야 하는데, □에는 어떤 특정한 낱말의 첫 글자가 제시되어 있습니다. 제시된 첫 글자와 전체 문장의 내용을 보고 빈 □ 안에 적당한 글자를 써야 합니다.

□에 채워 완성해야 할 낱말을 비교적 쉽고 단순한 낱말들로 되어 있으므로 조금만 생각해보면 □를 채워 문장을 완성할 수 있을 것입니다.

'낱말은 쏙쏙! 생각은 쑥쑥!'에서 각 활동별로 공부하게 되는 낱말들은 '그림으로 낱말 찾기' 활동의 보기에 제시되어 있습니다. 모두 8~10개의 낱말을 공부하게 되는데, 보기에 제시된 낱말을 잘 살펴보면 모든 활동을 어렵지 않게 짧은 시간 안에 끝낼 수 있습니다.

낱말 친구 사총사

'낱말 친구 사총사'에서는 크게 3가지 활동을 하게 됩니다. 첫째는 소리는 같은 글자이지만 뜻이 다른 낱말을 찾는 활동, 둘째는 다른 세 낱말을 포함하는 큰 말을 찾는 활동, 셋째는 문장 안의 일부 구절이 어떤 뜻인지 찾는 활동입니다.

첫째 번 활동을 예를 들자면 '배'라는 낱말의 경우 문장 안에서 과일의 배로 쓰일 수도 있고 타는 배로 쓰일 수도 있습니다. 이때 만약 세 친구는 '타는 배'라는 뜻으로 배를 사용했고, 한 친구만 '과일의 배'라는 뜻으로 배를 사용했다면 셋과 다르게 말한 한 친구를 정답으로 선택합니다.

연상되는 낱말 찾기

'연상되는 낱말 찾기'는 제시된 세 낱말을 보고 공통으로 연상할 수 있는 낱말을 찾아보는 활동입니다. 제시된 세 낱말은 찾아야 할 낱말의 사전적인 의미이거나 조건이나 상태 등을 나타냅니다.

예를 들어 '산', '배낭', '오르다'라는 세 낱말이 주어졌다면 이 세 낱말을 통해 공통으로 연상할 수 있는 낱말로 '등산'을 떠올릴 수 있을 것입니다.

짧은 글짓기

'짧은 글짓기'는 주어진 문장 형식에 맞게 낱말을 넣어 짧은 글을 지어보는 활동입니다. 여러 가지 문장 형식으로 짧은 글을 만들다 보면 낱말이 문장 안에서 쓰일 때 어떻게 활용되는지 확인할 수 있습니다.

만약 '가방'이라는 낱말이 주어지고 이 낱말이 '누가 + 무엇을 + 어떻게 했다'라는 문장 형식을 가진 글에 들어가야 한다면 다음과 같이 문장을 만들 수 있습니다.

아버지께서 가방을 가져갔다.

'낱말 쌈 싸 먹기'는 이렇게 풀어요!

'낱말 쌈 싸 먹기'는 맞춤법, 띄어쓰기, 관용어, 한자어와 관련된 문제를 풀게 됩니다. 이 문제들을 풀기 위해서는 다음 쪽에 나오는 '알쏭달쏭 낱말 알기'와 '관용어 알아보기'를 꼼꼼히 읽어 보세요. 문제를 푸는 데 많은 도움이 될 것입니다.

맞춤법

문장 안에 잘못 쓴 낱말을 찾아 바로 고쳐 쓰거나, 두 낱말 중 바르게 쓴 낱말을 찾는 활동입니다. 오른쪽 그림에서처럼 '가게, 가개' 두 낱말이 주어졌다면 '가게'가 바르게 쓴 낱말이므로 '가게'에 동그라미를 치면 됩니다. 맞춤법 문제에 나온 낱말은 11쪽 '알쏭달쏭 낱말 알기'에 정리해 놓았으므로 미리 읽어 두세요.

> **맞춤법** 다음 문장에서 ( ) 안의 낱말 중 맞춤법이 맞는 낱말에 ○표 하세요.
>
> 동생은 (가게, 가개)에 심부름을 갔다.

띄어쓰기

굵게 표시된 두 낱말을 중 띄어쓰기가 맞는 것을 찾는 활동입니다. 띄어쓰기 문제를 쉽게 풀기 위해서는 [도움말]을 반드시 읽어보기 바랍니다. [도움말]에는 문제로 나온 낱말을 띄어 써야 할지, 붙여 써야 할지 중요한 힌트가 들어 있기 때문입니다.

> **띄어쓰기** 주어진 두 문장 중 하나에는 띄어쓰기가 틀린 부분이 있습니다. 둘 중 바르게 띄어쓰기를 한 문장을 찾아서 ○표 하세요.
>
> ㉮ 바구니에서 사탕을 **몇 개** 꺼냈습니다.   ㉯ 바구니에서 사탕을 **몇개** 꺼냈습니다.
>
> **도움말** 수량이나 회수를 세는 단위로 사용된 낱말은 띄어 씁니다.

관용어

그림에 제시된 상황과 관련된 속담이나 격언 등의 관용어를 찾는 활동입니다. □ 안에 글자를 넣어 관용어를 완성해 보세요. 예를 들어 □□ 밑이 어둡다'라는 문제가 주어졌다면 □ 안에 '등잔'을 적으면 됩니다. 속담이나 격언 등을 잘 모른다면 12쪽 '관용어 알아보기'를 미리 읽어 두세요.

> **관용어** □ 안에 낱말을 넣어서 그림 속 상황과 어울리는 속담이나 격언 등을 만들어 보세요.
>
> 제 지우개 못 보셨어요? 아무리 찾아도 없어요. / 네 손에 들고 있잖니.
>
> □□ 밑이 어둡다

한자어

문장을 읽고 □ 안에 들어갈 한자어나 사자성어를 보기에서 찾아 적는 활동입니다. 한자나 사자성어를 잘 모른다면 한자 사전이나 사자성어를 정리해 둔 책을 같이 놓고 문제를 풀기 바랍니다.

> **한자어** 글의 의미에 맞게 □ 안에 들어갈 알맞은 한자어를 보기에서 찾아 써 보세요.
>
> 선생님께서 □□ 에 들어오셔서서 □□ 들에게 말씀하셨다.
>
> **보기** · 敎室 · 居室 · 學生 · 先生

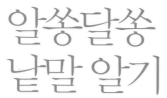

알쏭달쏭 낱말 알기

" 낱말 쌈 싸 먹기의 맞춤법에 나오는 낱말입니다.
바르게 쓴 것과 잘못 쓴 것을 잘 비교해서 살펴보세요. "

O		X		O		X	
O	가게	X	가개	O	갑자기	X	갑짜기
O	곶감	X	곳감	O	국물	X	궁물
O	깍두기	X	깍뚜기	O	깎다	X	깍다
O	깡충깡충	X	깡총깡총	O	나무꾼	X	나뭇군
O	냄비	X	남비	O	떡볶이	X	떡뽁기
O	닦다	X	딱다	O	메뚜기	X	매뚜기
O	설거지	X	걸겆이	O	볶음밥	X	뽁음밥
O	숟가락	X	숫가락	O	실내화	X	실래화
O	스케치북	X	스캐치북	O	자장면	X	짜장면
O	옛날	X	옌날	O	전화번호	X	전하번호
O	참외	X	참뙤	O	찌개	X	찌게
O	핑계	X	핑게	O	풀잎	X	풀입
O	해돋이	X	해도지				

관용어 알아보기

" 낱말 쌈 싸 먹기의 관용어에 나오는
속담과 격언입니다.
미리 읽어보고 문제를 풀어 보세요. "

- **가는 날이 장날** : 어떤 일을 하려고 하는데 뜻하지 않은 일을 공교롭게 당함.

- **가는 말이 고와야 오는 말이 곱다** : 남에게 말이나 행동을 좋게 하여야 남도 자기에게 좋게 한다.

- **그림의 떡** : 아무리 마음에 들어도 이용할 수 없거나 차지할 수 없는 경우.

- **꼬리가 길면 잡힌다** : 아무리 남모르게 한다고 해도 오래 두고 여러 번 계속하면 결국에는 들키고 맘.

- **남의 밥에 든 콩이 굵어 보인다** : 물건은 남의 것이 제 것보다 더 좋아 보이고 일은 남의 일이 제 일보다 더 쉬워 보임.

- **낫 놓고 기역 자도 모른다** : 아주 무식함을 비유적으로 이르는 말.

- **내 코가 석 자** : 내 사정이 급하고 어려워서 남을 돌볼 여유가 없음.

- **누워서 떡 먹기** : 하기가 매우 쉬운 것.

- **눈에 불을 켜다** : 몹시 욕심을 내거나 관심을 기울이다.

- **독 안에 든 쥐** : 궁지에서 벗어날 수 없는 처지.

- **두 손 두 발 다 들다** : 자기 능력에서 벗어나 그만두다.

- **등잔 밑이 어둡다** : 대상에서 가까이 있는 사람이 도리어 대상에 대하여 잘 알기 어렵다.

- **뛰는 놈 위에 나는 놈 있다** : 아무리 재주가 뛰어나다 하더라도 그보다 더 뛰어난 사람이 있다.

- **말 한마디에 천 냥 빚도 갚는다** : 말만 잘하면 어려운 일이나 불가능해 보이는 일도 해결할 수 있다.

- **미역국 먹다** : 시험에서 떨어지다.

- **믿는 도끼에 발등 찍힌다** : 믿고 있던 사람이 배반하여 오히려 해를 입음.

- **배꼽이 빠지다** : 몹시 우습다.

- **살얼음을 밟듯이** : 겁이 나서 매우 조심스럽게.

- **세 살 적 버릇이 여든까지 간다** : 어릴 때 몸에 밴 버릇은 늙어 죽을 때까지 고치기 힘들다는 뜻.

- **열 번 찍어 안 넘어가는 나무 없다** : 아무리 뜻이 굳은 사람이라도 여러 번 권하거나 꾀고 달래면 결국은 마음이 변한다.

- **우물 안 개구리** : 넓은 세상의 형편을 알지 못하는 사람. 또는 아는 것이 적어 저만 잘난 줄로 아는 사람을 비꼬는 말.

- **원숭이도 나무에서 떨어진다** : 아무리 익숙하고 잘하는 사람이라도 간혹 실수할 때가 있다.

- **작은 고추가 더 맵다** : 몸집이 작은 사람이 큰 사람보다 재주가 뛰어나고 야무짐.

- **주머니가 가볍다** : 가지고 있는 돈이 적다.

- **코가 땅에 닿다** : 머리를 깊이 숙이다.

- **하늘의 별 따기** : 무엇을 얻거나 성취하기가 매우 어려운 경우.

- **하늘이 무너져도 솟아날 구멍이 있다** : 아무리 어려운 경우에 처해도 살아 나갈 방도가 생긴다는 말.

- **하루에도 열두 번** : 매우 빈번하게.

- **호랑이도 제 말 하면 온다** : 다른 사람에 관한 이야기를 하는데 공교롭게 그 사람이 나타나는 경우.

차례
Contents

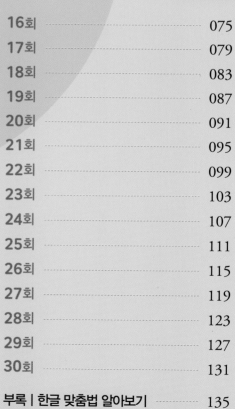

" 공습국어를 시작하며

이제 본격적인 어휘력 공부를 시작하게 돼요.

크게 숨을 한 번 내쉬면서 마음을 가다듬어 보세요.

책을 끝까지 볼 수 있을까? 문제가 어렵지는 않을까? 하는 걱정이

들기도 하겠지만 막상 시작해보면 괜한 걱정이었다 싶을 거예요.

한 번에 밥을 많이 먹으면 탈이 날 수 있는 것처럼

하루에 1회씩만 꾸준히 풀어 보세요.

그러다 보면 어느새 어휘력이

무럭무럭 자라나 있는 걸 볼 수 있을 거예요.

자 그럼 이제 출발해 볼까요?

"

가로·세로 낱말 만들기

 낱말 만들기 연습을 해 보세요.

				이			
			주	민			

어	주	민	빛	이
머	들	린	레	니

★ 만들어야 할 낱말 : 어린이, 주머니, 민들레
★ 낱말 만들기 방법은 7쪽을 참고하세요.

낱말은 쏙쏙! 생각은 쑥쑥!

그림으로 낱말 찾기

지시선이 가리키는 그림을 보고 사물의 이름이나 행동, 상태 등에 해당하는 낱말을 보기 에서 찾아 □ 안에 쓰세요.

❶ 이름씨

❷ 이름씨

❸ 이름씨

❹ 그림씨

❺ 움직씨

보기　· 징검다리　　· 망가뜨리다　　· 뿔　　· 닮다　　· 누르다　　· 정답다　　· 동물원　　· 뜨다

낱말 뜻 알기

□ 안에는 어떤 낱말의 첫 글자가 쓰여 있습니다. 이 첫 글자를 참고하여 □에 알맞은 말을 넣어 낱말 풀이를 완성해 보세요.

❶ **망가뜨리다** : 부수거나 [찌][　][　]지게 하여 못 쓰게 만들다.

❷ **닮다** : 사람 또는 사물이 서로 [비][　]한 [생][　][　]나 성질을 지니다.

❸ **뜨다** : 땅에 떨어지지 않고 [공][　]에 있거나 [위][　]으로 솟아오르다.

❹ **누르다** : 무엇을 위에서 [아][　]로, 또는 밖에서 [　]으로 힘을 주어 밀다.

❺ **징검다리** : [개][　]이나 물이 괸 곳에 돌이나 흙더미를 드문드문 놓아 만든 [다][　].

다음 밑줄 친 낱말의 뜻이 다른 셋과 같지 <u>않은</u> 것은 어느 것인지 번호를 <u>고르세요</u>.

①  나는 초인종을 **누르는** 소리를 듣고 얼른 밖으로 나갔어.

② 엄마가 밀가루 반죽을 떼어 낸 다음 손바닥으로 꼭 **누르셨어**.

③  우리나라 선수가 일본 선수를 **누르고** 당당하게 금메달을 땄어.

④  나는 오늘 배운 낱말을 공책에 힘을 주어 꼭꼭 <u>눌러</u> 썼어.

연상되는 낱말 찾기

다음은 세 낱말을 보고 공통으로 연상되는 낱말을 찾는 문제입니다. 세 낱말과 관련 있는 낱말을 써 보세요.

동물	구경	소풍	→	

개울	다리	드문드문	→	

사슴	도깨비	화나다	→	

짧은 글짓기

주어진 낱말을 이용하여 보기 와 같은 형식으로 짧은 글을 지어 보세요.

보기   누가 + 무엇을 + 어떻게 했다

정답다	

망가뜨리다	

뜨다	

낱말 쌈 싸 먹기

알쏭달쏭 헷갈리는 맞춤법, 띄어쓰기, 관용어, 한자어가 이제 한입에 쏙! **하루에 한 쪽씩 맛있게 냠냠 해치우자!**

맞춤법 다음 문장에서 ( ) 안의 낱말 중 맞춤법이 맞는 낱말에 ○표 하세요.

동생은 (가게, 가개)에 심부름을 갔다.

띄어쓰기 주어진 두 문장 중 하나에는 띄어쓰기가 틀린 부분이 있습니다. 둘 중 바르게 띄어쓰기를 한 문장을 찾아서 ○표 하세요.

㉮ 바구니에서 사탕을 **몇 개** 꺼냈습니다.　　　㉯ 바구니에서 사탕을 **몇개** 꺼냈습니다.

도움말 수량이나 회수를 세는 단위로 사용된 낱말은 띄어 씁니다.

관용어 □ 안에 낱말을 넣어서 그림 속 상황과 어울리는 속담이나 격언 등을 만들어 보세요.

제 지우개 못 보셨어요?
아무리 찾아도 없어요.

네 손에 들고 있잖니.

□□ 밑이 어둡다

한자어 글의 의미에 맞게 □ 안에 들어갈 알맞은 한자어를 보기 에서 찾아 써 보세요.

선생님께서 □□에 들어오셔서 □□들에게 말씀하셨다.

보기 ・教室　　・居室　　・學生　　・先生

가로·세로 낱말 만들기

02

 주어진 글자를 연결하여 **01** 회에 공부한 낱말을 만들어 보세요.

				다	원		

징	동	누	다	원
물	검	며	르	리

★ 도전 시간	**2분**
★ 만들 낱말 수	**3개**
★ 만든 낱말 수	개

그림으로 낱말 찾기

지시선이 가리키는 그림을 보고 사물의 이름이나 행동, 상태 등에 해당하는 낱말을 **보기**에서 찾아 ☐ 안에 쓰세요.

❶ 이름씨

❷ 이름씨

❸ 이름씨

❹ 이름씨

❺ 움직씨

보기 ・책꽂이　・바둑돌　・주사위　・덧셈　・뺄셈　・가르다　・모으다　・계산하다

낱말 뜻 알기

☐ 안에는 어떤 낱말의 첫 글자가 쓰여 있습니다. 이 첫 글자를 참고하여 ☐에 알맞은 말을 넣어 낱말 풀이를 완성해 보세요.

❶ **모으다** : 한데 합☐☐.

❷ **책꽂이** : 책을 세워서 꽂☐ 두는 물건이나 장치.

❸ **가르다** : 쪼개거나 나누어 따☐☐☐☐ 되게 하다.

❹ **계산하다** : 주어진 수나 식을 일정한 규☐에 따라 처리하여 수치를 구하다.

❺ **주사위** : 뼈나 단단한 나무 따위로 만든 조그만 정육면체의 각 면에 하나에서 여☐까지의 점을 새

긴 놀☐ 도구.

낱말 친구 사총사

다음 밑줄 친 낱말의 뜻이 다른 셋과 같지 <u>않은</u> 것은 어느 것인지 번호를 고르세요.

①  오늘 수학 시험에서 **계산**을 잘못해서 틀렸어.

②  선생님께서 **계산**을 해 보라면서 어려운 문제를 내 주셨어.

③ 삼촌이 오늘 우리 가족의 저녁 식사비를 **계산**하셨어.

④  나는 뺄셈식을 **계산**하는 데 아직 서툴러.

연상되는 낱말 찾기

다음은 세 낱말을 보고 공통으로 연상되는 낱말을 찾는 문제입니다. 세 낱말과 관련 있는 낱말을 써 보세요.

동그라미	바둑판	흑백	→	
점	정육면체	놀이	→	
더하기	수	계산하다	→	

짧은 글짓기

주어진 낱말을 이용하여 보기 와 같은 형식으로 짧은 글을 지어 보세요.

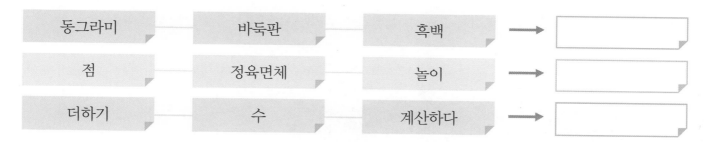

보기   누가 + 무엇을 + 어떻게 했다

모으다	
뺄셈	
주사위	

낱말 쌈 싸 먹기

알쏭달쏭 헷갈리는 맞춤법, 띄어쓰기, 관용어,
한자어가 이제 한입에 쏙!
하루에 한 쪽씩 맛있게 냠냠 해치우자!

맞춤법 다음 문장에서 맞춤법이 <u>틀린</u> 낱말을 찾아 바르게 고쳐 써 보세요.

> 오후에 갑짜기 소나기가 내렸다.　　　　(　　　　) → (　　　　)

띄어쓰기 주어진 두 문장 중 하나에는 띄어쓰기가 틀린 부분이 있습니다. 둘 중 바르게 띄어쓰기를 한 문장을 찾아서 ○표 하세요.

㉮ **겉모양**만 보고 판단해서는 안 됩니다.　　　　㉯ **겉 모양**만 보고 판단해서는 안 됩니다.

도움말 두 낱말이 합쳐져서 한 낱말이 된 경우에는 붙여 씁니다.

관용어 □ 안에 낱말을 넣어서 그림 속 상황과 어울리는 속담이나 격언 등을 만들어 보세요.

아주 쉽네, 이런 건 나한테
문제도 아니야.

수학 숙제 좀 도와줘,
잘 모르겠어.

□□□ 떡 먹기

한자어 글의 의미에 맞게 □ 안에 들어갈 알맞은 사자성어를 **보기** 에서 찾아 써 보세요.

삼촌은 지진으로 무너진 집에서 □□□□(으)로 살아났다.

보기　· 조삼모사(朝三暮四)　　· 금상첨화(錦上添花)　　· 구사일생(九死一生)

가로·세로 낱말 만들기

03

 주어진 글자를 연결하여 02 회에 공부한 낱말을 만들어 보세요.

			이		바		
			주		위		

바	책	주	계	돌
사	이	둑	꽂	위

★ 도전 시간 | **2분**

★ 만들 낱말 수 | **3개**

★ 만든 낱말 수 | **개**

낱말은 쏙쏙! 생각은 쑥쑥!

그림으로 낱말 찾기

지시선이 가리키는 그림을 보고 사물의 이름이나 행동, 상태 등에 해당하는 낱말을 보기 에서 찾아 □ 안에 쓰세요.

❶ 이름씨

❷ 이름씨

❸ 이름씨

❹ 움직씨

❺ 이름씨

보기   • 준비물   • 되돌아보다   • 시간표   • 사물함   • 알림장   • 학습   • 챙기다   • 실내

낱말 뜻 알기

□ 안에는 어떤 낱말의 첫 글자가 쓰여 있습니다. 이 첫 글자를 참고하여 □에 알맞은 말을 넣어 낱말 풀이를 완성해 보세요.

❶ **학습** : 배□□서 익힘.

❷ **되돌아보다** : 가던 방향에서 몸이나 얼□□을 돌려 다□ 바라보다.

❸ **시간표** : 시□을 나누어서 시간대별로 할 일 따위를 적어 넣은 □.

❹ **챙기다** : 필□한 물건을 찾아서 갖추어 놓거나 무엇을 빠□□지 않았는지 살피다.

❺ **사물함** : 군대, 학교 따위에서 병사나 학□들이 제각기 물□을 넣어 둘 수 있게 만든 곳.

낱말 친구 사총사

다음 밑줄 친 낱말의 뜻이 다른 셋과 같지 <u>않은</u> 것은 어느 것인지 번호를 고르세요.

① 내가 큰 소리로 부르자, 진수가 멈춰서 **되돌아봤어.**

② 할아버지께서는 마지막으로 자신이 살아온 삶을 **되돌아보시는** 것 같았어.

③ 형은 한 번도 **되돌아보지** 않고 앞만 보고 걸어갔어.

④ 무슨 소리가 나서 **되돌아봤지만,** 아무것도 없었어.

연상되는 낱말 찾기

다음은 세 낱말을 보고 공통으로 연상되는 낱말을 찾는 문제입니다. 세 낱말과 관련 있는 낱말을 써 보세요.

준비물	숙제	알릴 내용	→	
과목	시간	요일	→	
방	건물	안	→	

짧은 글짓기

주어진 낱말을 이용하여 보기 와 같은 형식으로 짧은 글을 지어 보세요.

> **보기**　누가 + 언제 + 무엇을 + 어떻게 했다

준비물	
사물함	
학습	

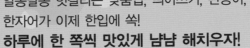

낱말 쌈 싸 먹기

알쏭달쏭 헷갈리는 맞춤법, 띄어쓰기, 관용어, 한자어가 이제 한입에 쏙!
하루에 한 쪽씩 맛있게 냠냠 해치우자!

맞춤법 다음 문장에서 ( ) 안의 낱말 중 맞춤법이 맞는 낱말에 〇표 하세요.

> 선생님께서 칠판을 (가리키셨다, 가르치셨다).

띄어쓰기 주어진 두 문장 중 하나에는 띄어쓰기가 틀린 부분이 있습니다. 둘 중 바르게 띄어쓰기를 한 문장을 찾아서 〇표 하세요.

가 헌 옷을 모아서 수거 함에 넣었습니다.

나 헌옷을 모아서 수거 함에 넣었습니다.

도움말 뒷말을 꾸며 주는 낱말은 띄어 씁니다.

관용어 □ 안에 낱말을 넣어서 그림 속 상황과 어울리는 속담이나 격언 등을 만들어 보세요.

와, 맛있겠다!

□□의 떡

한자어 글의 의미에 맞게 □ 안에 들어갈 알맞은 한자어를 **보기** 에서 찾아 써 보세요.

할머니께서는 늘 우리에게 □□님께 효도하고, □□끼리 우애 있게 지내라고 말씀하신다.

보기 ・父母   ・父子   ・兄弟   ・兄夫

04

가로·세로 낱말 만들기

주어진 글자를 연결하여 **03** 회에 공부한 낱말을 만들어 보세요.

		장	사	표			

표	사	푸	장	간
함	시	림	물	알

★ 도전 시간 | **2분**

★ 만들 낱말 수 | **3개**

★ 만든 낱말 수 | **개**

낱말은 쏙쏙! 생각은 쑥쑥!

그림으로 낱말 찾기

지시선이 가리키는 그림을 보고 사물의 이름이나 행동, 상태 등에 해당하는 낱말을 보기 에서 찾아 □ 안에 쓰세요.

❶ 이름씨

❷ 움직씨

❸ 움직씨

❹ 이름씨

❺ 움직씨

보기 · 살피다 · 교통 · 멈추다 · 피다 · 표지판 · 건너다 · 주위 · 신호등

낱말 뜻 알기

□ 안에는 어떤 낱말의 첫 글자가 쓰여 있습니다. 이 첫 글자를 참고하여 □에 알맞은 말을 넣어 낱말 풀이를 완성해 보세요.

❶ **피다** : 꽃□□이나 잎 따위가 벌□지다.

❷ **살피다** : 두루두루 주□하여 자세히 보다.

❸ **주위** : 어떤 사물이나 사□을 둘러싸고 있는 것. 또는 그 환□.

❹ **표지판** : 어떠한 사□을 알리기 위하여 일정한 표□를 해 놓은 판.

❺ **교통** : 자□□, 기차, 배, 비□□ 따위를 이용하여 사람이 오고 가거나, 짐을 실어 나르는 일.

낱말 친구 사총사

다음 밑줄 친 낱말의 뜻이 다른 셋과 같지 <u>않은</u> 것은 어느 것인지 번호를 고르세요.

①  할아버지께서 나를 보시고, 잘 먹어서 그런지 얼굴이 **피었다며** 기뻐하셨어.

② 활짝 **핀** 장미꽃을 보니, 내 마음까지 환해지는 것 같아.

③  개나리는 봄에 **피는** 꽃이야.

④  우리 집 정원에는 많은 꽃이 **피어** 있어.

연상되는 낱말 찾기

다음은 세 낱말을 보고 공통으로 연상되는 낱말을 찾는 문제입니다. 세 낱말과 관련 있는 낱말을 써 보세요.

횡단보도	빨간불	파란불	→	
자동차	경찰	질서	→	
꽃	벌어지다	활짝	→	

짧은 글짓기

주어진 낱말을 이용하여 **보기** 와 같은 형식으로 짧은 글을 지어 보세요.

보기   누가 + 무엇을 + 어떻게 했다

건너다	
주위	
멈추다	

낱말 쌈 싸 먹기

알쏭달쏭 헷갈리는 맞춤법, 띄어쓰기, 관용어, 한자어가 이제 한입에 쏙!
하루에 한 쪽씩 맛있게 냠냠 해치우자!

맞춤법 다음 문장에서 맞춤법이 <u>틀린</u> 낱말을 찾아 바르게 고쳐 써 보세요.

> 곳깜을 준다는 말에 아이는 울음을 뚝 그쳤다.　　　　(　　　　　) → (　　　　)

띄어쓰기 주어진 두 문장 중 하나에는 띄어쓰기가 틀린 부분이 있습니다. 둘 중 바르게 띄어쓰기를 한 문장을 찾아서 ○표 하세요.

㉮ 새로 산 필통을 학교에 **가져 갔습니다.**　　　㉯ 새로 산 필통을 학교에 **가져갔습니다.**

도움말 '무엇을 한 지점에서 다른 지점으로 옮겨 가다.' 라는 뜻을 가진 한 낱말입니다.

관용어 □ 안에 낱말을 넣어서 그림 속 상황과 어울리는 속담이나 격언 등을 만들어 보세요.

와, 정말 잘 그렸다.

네 그림도 화가가 그린 것 같아.

□□ 말이 고와야
□□ 말이 곱다

한자어 글의 의미에 맞게 □ 안에 들어갈 알맞은 사자성어를 보기 에서 찾아 써 보세요.

정훈이는 묻는 말을 제대로 이해하지 못했는지, □□□□ 만 해서 나를 답답하게 만들었다.

보기 ・삼고초려(三顧草廬)　　・동문서답(東問西答)　　・우문현답(愚問賢答)

가로·세로 낱말 만들기

05

주어진 글자를 연결하여 **04** 회에 공부한 낱말을 만들어 보세요.

			피				
			신		등		
					판		

등	판	다	코	신
표	살	호	지	피

★ 도전 시간	2분
★ 만들 낱말 수	**4개**
★ 만든 낱말 수	개

낱말은 쏙쏙! 생각은 쑥쑥!

그림으로 낱말 찾기

지시선이 가리키는 그림을 보고 사물의 이름이나 행동, 상태 등에 해당하는 낱말을 **보기**에서 찾아 ☐ 안에 쓰세요.

① 이름씨

② 움직씨

③ 움직씨

④ 움직씨

⑤ 이름씨

보기　· 재료　· 풍경　· 달다　· 감상하다　· 붙이다　· 미소　· 작품　· 오리다

낱말 뜻 알기

☐ 안에는 어떤 낱말의 첫 글자가 쓰여 있습니다. 이 첫 글자를 참고하여 ☐에 알맞은 말을 넣어 낱말 풀이를 완성해 보세요.

① **미소** : 소☐ 없이 빙긋이 웃☐.

② **달다** : 물☐을 일정한 곳에 걸☐나 매어 놓다.

③ **재료** : 물건을 만☐ 때 그것의 구☐ 요소가 되는 물질.

④ **감상하다** : 주로 예술 작☐을 이해하여 즐기고 평가하다.

⑤ **풍경** : 산이나 들, 강, 바☐ 따위의 자연이나 지역의 모☐.

낱말 친구 사총사

다음 밑줄 친 낱말의 뜻이 다른 셋과 같지 <u>않은</u> 것은 어느 것인지 번호를 고르세요.

①  오늘이 개천절이라 대문 앞에 태극기를 **달았어.**

②  나는 사탕이 너무 **달아서** 싫어.

③  내가 자꾸 열쇠를 잃어버린다고 엄마가 열쇠고리를 **달아** 주셨어.

④  나는 동생과 함께 제기에 고무줄을 **달아서** 놀았어.

연상되는 낱말 찾기

다음은 세 낱말을 보고 공통으로 연상되는 낱말을 찾는 문제입니다. 세 낱말과 관련 있는 낱말을 써 보세요.

예술	완성품	훌륭하다	⟶	
모나리자	웃음	얼굴	⟶	
풀	우표	자석	⟶	

짧은 글짓기

주어진 낱말을 이용하여 보기와 같은 형식으로 짧은 글을 지어 보세요.

보기   누가 + 무엇을 + 어떻게 했다

오리다	
풍경	
감상하다	

낱말 쌈 싸 먹기

알쏭달쏭 헛갈리는 맞춤법, 띄어쓰기, 관용어, 한자어가 이제 한입에 쏙!
하루에 한 쪽씩 맛있게 냠냠 해치우자!

맞춤법 다음 문장에서 ( ) 안의 낱말 중 맞춤법이 맞는 낱말에 ○표 하세요.

> 정수는 그릇째로 들어서 (궁물, 국물)을 후루룩 마셨다.

띄어쓰기 주어진 두 문장 중 하나에는 띄어쓰기가 틀린 부분이 있습니다. 둘 중 바르게 띄어쓰기를 한 문장을 찾아서 ○표 하세요.

㉮ 나는 **이순신장군**을 가장 존경합니다.   ㉯ 나는 **이순신 장군**을 가장 존경합니다.

도움말 호칭이나 직급명을 나타내는 낱말은 앞말과 띄어 씁니다.

관용어 □ 안에 낱말을 넣어서 그림 속 상황과 어울리는 속담이나 격언 등을 만들어 보세요.

쯧쯧, 어릴 때부터 저러더니만……;

세 살 적 □□이
여든까지 간다

한자어 글의 의미에 맞게 □ 안에 들어갈 알맞은 한자어를 **보기** 에서 찾아 써 보세요.

우리말인 □□ (을)를 더 잘 이해하기 위해서는 □□ (을)를 많이 알아 두면 좋다.

보기 · 國語   · 英語   · 漢字   · 數學

가로·세로 **낱말** 만들기

 주어진 글자를 연결하여 **05** 회에 공부한 낱말을 만들어 보세요.

	재	미					
				상			
				경			

오	료	감	소	리
상	경	미	재	풍

★ 도전 시간 | **2분**

★ 만들 낱말 수 | **4개**

★ 만든 낱말 수 | **개**

낱말은 쏙쏙! 생각은 쑥쑥!

 **그림으로 낱말 찾기**

지시선이 가리키는 그림을 보고 사물의 이름이나 행동, 상태 등에 해당하는 낱말을 보기 에서 찾아 ☐ 안에 쓰세요.

❶ 이름씨

❷ 이름씨

❸ 움직씨

❹ 이름씨

❺ 이름씨

❻ 이름씨

보기 •한글 •칠판 •반점 •온점 •알아맞히다 •배우다 •받침 •연결하다

낱말 뜻 알기

☐ 안에는 어떤 낱말의 첫 글자가 쓰여 있습니다. 이 첫 글자를 참고하여 ☐에 알 맞은 말을 넣어 낱말 풀이를 완성해 보세요.

❶ **알아맞히다** : 요구되거나 기대되는 정☐☐ 을 알아서 맞게 하다.

❷ **받침** : 한☐☐ 을 적을 때 모음 글자 아☐ 에 받쳐 적는 자음.

❸ **반점** : 쉼☐ 의 하나로, 가로쓰기에 쓰는 문장 부호 ' , '의 이☐ .

❹ **온점** : 마☐☐ 의 하나로, 가로쓰기에 쓰는 문장 부호 ' . '의 이☐ .

❺ **연결하다** : 물건이나 사실 따위가 서로 이☐☐ 거나 관☐ 를 맺다.

낱말 친구 사총사

다음 밑줄 친 낱말 중에서 받침이 <u>없는</u> 낱말은 어느 것인지 번호를 고르세요.

①  내 **이름**은 김현준이야.

②  우리 **아빠**는 늘 바쁘셔.

③  **다섯** 명씩 조를 나누어 조사를 하기로 했어.

④  나는 **축구**를 좋아해.

연상되는 낱말 찾기

다음은 세 낱말을 보고 공통으로 연상되는 낱말을 찾는 문제입니다. 세 낱말과 관련 있는 낱말을 써 보세요.

세종 대왕	주시경	우리말	→	
분필	초록색	교실	→	
쉼표	문장 부호	콤마	→	

짧은 글짓기

주어진 낱말을 이용하여 **보기** 와 같은 형식으로 짧은 글을 지어 보세요.

보기   누가 + 무엇을 + 어떻게 했다

배우다	
알아맞히다	
연결하다	

낱말 쌈 싸 먹기

알쏭달쏭 헷갈리는 맞춤법, 띄어쓰기, 관용어, 한자어가 이제 한입에 쏙!
하루에 한 쪽씩 맛있게 냠냠 해치우자!

맞춤법 다음 문장에서 맞춤법이 <u>틀린</u> 낱말을 찾아 바르게 고쳐 써 보세요.

> 엄마는 무를 썰어서 깍뚜기를 담그셨다.　　　　(　　　　　) → (　　　　　)

띄어쓰기 주어진 두 문장 중 하나에는 띄어쓰기가 틀린 부분이 있습니다. 둘 중 바르게 띄어쓰기를 한 문장을 찾아서 ○표 하세요.

㉮ 식목일에 나무를 **한 그루**씩 심었습니다.　　　㉯ 식목일에 나무를 **한그루**씩 심었습니다.

도움말 '그루'는 수량을 세는 단위입니다.

관용어 □ 안에 낱말을 넣어서 그림 속 상황과 어울리는 속담이나 격언 등을 만들어 보세요.

> 엄마, 운전면허 시험 이번엔 붙었지?
>
> 아휴~
>
> 또 떨어졌어.

□□□ 먹다

한자어 글의 의미에 맞게 □ 안에 들어갈 알맞은 사자성어를 **보기**에서 찾아 써 보세요.

> 시청 앞 광장은 대통령을 보기 위해 모여든 사람들로 □□□□를 이루었다.
>
> **보기**　· 풍전등화(風前燈火)　· 금상첨화(錦上添花)　· 인산인해(人山人海)

가로·세로 낱말 만들기

주어진 글자를 연결하여 **06** 회에 공부한 낱말을 만들어 보세요.

			결	실	온		
			판				

결	점	판	침	연
반	한	온	칠	실

★ 도전 시간 | **2분**

★ 만들 낱말 수 | **4개**

★ 만든 낱말 수 | 개

낱말은 쏙쏙! 생각은 쑥쑥!

 **그림으로 낱말 찾기**

지시선이 가리키는 그림을 보고 사물의 이름이나 행동, 상태 등에 해당하는 낱말을 보기 에서 찾아 □ 안에 쓰세요.

❶ 이름씨

❷ 그림씨

❸ 이름씨

❹ 그림씨

❺ 이름씨

| 보기 | • 길다 • 짧다 • 철봉 • 늑목 • 게양대 • 공기 • 시소 • 무겁다 |

낱말 뜻 알기

□ 안에는 어떤 낱말의 첫 글자가 쓰여 있습니다. 이 첫 글자를 참고하여 □에 알맞은 말을 넣어 낱말 풀이를 완성해 보세요.

❶ **무겁다** : 무 □ 가 나가는 정도가 크 □ .

❷ **게양대** : 기 따위를 높 □ 걸기 위하여 만들어 놓은 대.

❸ **짧다** : 잇닿아 있는 공간이나 물체의 두 끝의 사 □ 가 가 □ □ .

❹ **철봉** : 두 개의 기 □ 사이에 쇠막대를 수평으로 가로지른 것으로, 기계 체 □ 에 쓰는 기구.

❺ **공기** : 밤톨만 한 돌 다 □ 개 또는 여러 개를 땅 □ □ 에 놓고, 일정한 규칙에 따라 집고 받는 아이들의 놀 □ . 또는 그 돌들.

다음 밑줄 친 낱말의 뜻이 다른 셋과 같지 <u>않은</u> 것은 어느 것인지 번호를 <u>고르세요</u>.

①  우리 엄마는 어렸을 때 친구들과 자주 **공기**를 가지고 노셨대.

②  나는 **공기**놀이를 아주 잘해.

③  우리는 일요일마다 산에 올라 맑은 **공기**를 마시기로 했어.

④  **공기**를 할 때는 돌을 하나 던진 뒤, 다른 돌들을 빨리 집는 게 아주 중요해.

연상되는 낱말 찾기

다음은 세 낱말을 보고 공통으로 연상되는 낱말을 찾는 문제입니다. 세 낱말과 관련 있는 낱말을 써 보세요.

쇠막대	턱걸이	기계 체조	→
무게	놀이 기구	오르락내리락	→
돌	다섯	놀이	→

짧은 글짓기

주어진 낱말을 이용하여 보기 와 같은 형식으로 짧은 글을 지어 보세요.

| 보기 | 무엇이 + 어떠하다 |

늑목	
길다	
짧다	

낱말 쌈 싸 먹기

알쏭달쏭 헛갈리는 맞춤법, 띄어쓰기, 관용어, 한자어가 이제 한입에 쏙! **하루에 한 쪽씩 맛있게 냠냠 해치우자!**

맞춤법 다음 문장에서 ( ) 안의 낱말 중 맞춤법이 맞는 낱말에 ○표 하세요.

준희는 (깎은, 깍은) 연필을 필통에 넣었다.

띄어쓰기 주어진 두 문장 중 하나에는 띄어쓰기가 틀린 부분이 있습니다. 둘 중 바르게 띄어쓰기를 한 문장을 찾아서 ○표 하세요.

㉮ 동생이 처음으로 **그림일기**를 썼습니다.   ㉯ 동생이 처음으로 **그림 일기**를 썼습니다.

도움말 '그림을 위주로 하여 적는 일기' 라는 뜻을 가진 한 낱말입니다.

관용어 □ 안에 낱말을 넣어서 그림 속 상황과 어울리는 속담이나 격언 등을 만들어 보세요.

아빠, 주말에 놀이동산 가요.

어휴, 이번 주 내내 조르다니……. 알았어, 가자.

□ □ 찍어 안
넘어가는 □ □ 없다

한자어 글의 의미에 맞게 □ 안에 들어갈 알맞은 한자어를 **보기** 에서 찾아 써 보세요.

우리 가족은 새해 첫 □ □ (을)를 보기 위해 □ □ 로 여행을 갔다.

보기 · 日出   · 生日   · 東海   · 室內

가로·세로 낱말 만들기

08

 주어진 글자를 연결하여 **07** 회에 공부한 낱말을 만들어 보세요.

			소	양			
			늑	대			

목	시	푸	게	철
양	봉	대	소	늑

★ 도전 시간 ┃ **2분**

★ 만들 낱말 수 ┃ **4개**

★ 만든 낱말 수 ┃ **개**

낱말은 쏙쏙! 생각은 쑥쑥!

낱말 영역 |

걸린 시간 | 분   초

그림으로 낱말 찾기

지시선이 가리키는 그림을 보고 사물의 이름이나 행동, 상태 등에 해당하는 낱말을 **보기** 에서 찾아 ☐ 안에 쓰세요.

❶ 이름씨

❷ 움직씨

❸ 이름씨

❹ 움직씨

❺ 이름씨

오랜만에 ○○을 하니 정말 좋아요!

보기 ·수저   ·뽑다   ·남기다   ·예절   ·식사하다   ·생신   ·외식   ·자세

낱말 뜻 알기

☐ 안에는 어떤 낱말의 첫 글자가 쓰여 있습니다. 이 첫 글자를 참고하여 ☐에 알맞은 말을 넣어 낱말 풀이를 완성해 보세요.

❶ **자세** : 몸을 [움][ ]이거나 가누는 모양.

❷ **남기다** : 무엇을 다 [없][ ]지 않아 [나][ ][ ]가 있게 되다.

❸ **뽑다** : [박][ ] 것을 [잡][ ] 당기어 빼다.

❹ **예절** : [예][ ]에 관한 모든 절차나 [질][ ].

❺ **외식** : 집에서 직접 해 먹지 않고 [바][ ]에서 [음][ ]을 사 먹음.

낱말 친구 사총사

다음 밑줄 친 낱말의 뜻이 다른 셋과 같지 <u>않은</u> 것은 어느 것인지 번호를 고르세요.

 ❶ 우리 반 아이들은 경수를 반장으로 **뽑았어.**

 ❷ 우리 아빠는 내가 흰 머리카락을 **뽑아** 드리는 것을 좋아하셔서.

 ❸ 엄마가 내 손가락에 박힌 가시를 **뽑아** 주셨어.

 ❹ 나는 방학 때 시골에 가서 할머니께서 풀을 **뽑는** 것을 도와 드렸어.

연상되는 낱말 찾기

다음은 세 낱말을 보고 공통으로 연상되는 낱말을 찾는 문제입니다. 세 낱말과 관련 있는 낱말을 써 보세요.

축하	태어나다	어른	⟶	

도구	숟가락	젓가락	⟶	

동방예의지국	웃어른	바르다	⟶	

짧은 글짓기

주어진 낱말을 이용하여 **보기** 와 같은 형식으로 짧은 글을 지어 보세요.

보기 누가 + 언제 + 어디서 + 무엇을 + 어떻게 했다

자세	
식사하다	
남기다	

낱말 쌈 싸 먹기

알쏭달쏭 헷갈리는 맞춤법, 띄어쓰기, 관용어,
한자어가 이제 한입에 쏙!
하루에 한 쪽씩 맛있게 냠냠 해치우자!

맞춤법 | 다음 문장에서 맞춤법이 <u>틀린</u> 낱말을 찾아 바르게 고쳐 써 보세요.

> 달리기 시합에서 토끼는 깡총깡총 앞서 갔다.   (   ) → (   )

띄어쓰기 | 주어진 두 문장 중 하나에는 띄어쓰기가 틀린 부분이 있습니다. 둘 중 바르게 띄어쓰기를 한 문장을 찾아서 ○표 하세요.

㉮ 맨발로 돌아다니는 사람을 보았습니다.   **㉯ 맨 발**로 돌아다니는 사람을 보았습니다.

도움말 '아무것도 신지 않은 발'을 뜻하는 한 낱말입니다.

관용어 | □ 안에 낱말을 넣어서 그림 속 상황과 어울리는 속담이나 격언 등을 만들어 보세요.

> 윽, 작아도 세구나.

□ □ □ □ 가
더 맵다

한자어 | 글의 의미에 맞게 □ 안에 들어갈 알맞은 사자성어를 **보기** 에서 찾아 써 보세요.

> 우리나라 양궁 대표 팀이 쏜 화살은 □ □ □ □ (으)로 과녁을 맞혔다.
>
> **보기** · 백발백중(百發百中)   · 칠전팔기(七顚八起)   · 우이독경(牛耳讀經)

가로·세로 낱말 만들기

09

주어진 글자를 연결하여 **08** 회에 공부한 낱말을 만들어 보세요.

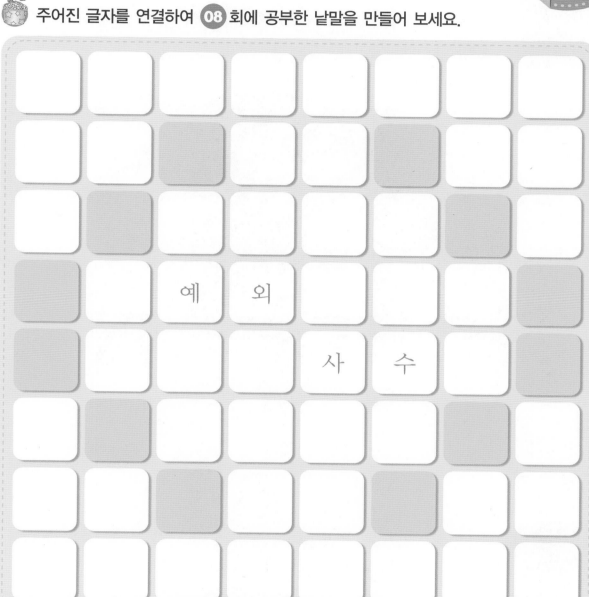

		예	외				
			사	수			

식	출	수	세	절
저	예	사	외	자

★ 도전 시간 | **2분**

★ 만들 낱말 수 | **5개**

★ 만든 낱말 수 | **개**

낱말은 쏙쏙! 생각은 쑥쑥!

그림으로 낱말 찾기

지시선이 가리키는 그림을 보고 사물의 이름이나 행동, 상태 등에 해당하는 낱말을 **보기** 에서 찾아 ☐ 안에 쓰세요.

① 그림씨

② 이름씨

③ 이름씨

④ 이름씨

⑤ 이름씨

감기에 걸렸구나. ○○하게 지내려면 ○○을 열심히 해야 한단다.

보기 ・경험   ・아프다   ・가족   ・돕다   ・음식   ・건강   ・운동   ・다치다

낱말 뜻 알기

☐ 안에는 어떤 낱말의 첫 글자가 쓰여 있습니다. 이 첫 글자를 참고하여 ☐에 알맞은 말을 넣어 낱말 풀이를 완성해 보세요.

① **경험** : 자신이 [직]☐ 해 보거나 겪어 봄. 또는 거기서 얻은 [지]☐ 이나 기능.

② **다치다** : [부]☐☐거나 맞거나 하여 신체에 [상]☐를 입다.

③ **돕다** : 남이 하는 일이 잘되도록 [거]☐거나 힘을 [보]☐다.

④ **건강** : [정]☐ 적으로나 육체적으로 아무 탈이 없고 [튼]☐함.

⑤ **아프다** : 몸이 병이 나거나 들어 앓는 [상]☐에 있다.

낱말 친구 사총사

다음 밑줄 친 낱말 중 다른 셋을 포함하는 <u>큰 말</u>에 해당하는 낱말을 고르세요.

①  우리 **가족**은 모두 네 명이야.

②  **엄마**는 오늘 회사 일 때문에 늦게 오신대.

③ 우리 **할머니**는 세상에서 나를 가장 사랑하셔.

④  나는 **아빠**랑 축구를 할 때가 가장 즐거워.

연상되는 낱말 찾기

다음은 세 낱말을 보고 공통으로 연상되는 낱말을 찾는 문제입니다. 세 낱말과 관련 있는 낱말을 써 보세요.

부모	자식	식구	→	
체육	경기	건강	→	
먹다	마시다	먹을거리	→	

짧은 글짓기

주어진 낱말을 이용하여 **보기**와 같은 형식으로 짧은 글을 지어 보세요.

> **보기** 누가 + 무엇을 + 어떻게 했다

다치다	
돕다	
경험	

낱말 쌈 싸 먹기

알쏭달쏭 헷갈리는 맞춤법, 띄어쓰기, 관용어, 한자어가 이제 한입에 쏙!
하루에 한 쪽씩 맛있게 냠냠 해치우자!

맞춤법 다음 문장에서 ( ) 안의 낱말 중 맞춤법이 맞는 낱말에 ◯표 하세요.

선녀와 (나무꾼, 나뭇군)은 내가 가장 좋아하는 전래 동화이다.

띄어쓰기 주어진 두 문장 중 하나에는 띄어쓰기가 틀린 부분이 있습니다. 둘 중 바르게 띄어쓰기를 한 문장을 찾아서 ◯표 하세요.

㉮ 차비가 없어서 학교에 **걸어갔습니다.**   ㉯ 차비가 없어서 학교에 **걸어 갔습니다.**

도움말 '발로 걸어서 나아가다.' 라는 뜻을 가진 한 낱말입니다.

관용어 □ 안에 낱말을 넣어서 그림 속 상황과 어울리는 속담이나 격언 등을 만들어 보세요.

□□이 빠지다

한자어 글의 의미에 맞게 □ 안에 들어갈 알맞은 한자어를 보기 에서 찾아 써 보세요.

□□를 지나던 차들이 신호를 받고 멈추자, 사람들이 □□를 살피며 횡단보도를 건넜다.

보기 · 車道   · 洗車   · 左右   · 住所

가로·세로 낱말 만들기

10

 주어진 글자를 연결하여 **09** 회에 공부한 낱말을 만들어 보세요.

				동			
		아	가	경			

프	경	시	다	가
동	족	운	아	험

★ 도전 시간	**2분**
★ 만들 낱말 수	**4개**
★ 만든 낱말 수	개

낱말은 쏙쏙! 생각은 쑥쑥!

낱말 영역 |

걸린 시간 | 분 초

그림으로 낱말 찾기

지시선이 가리키는 그림을 보고 사물의 이름이나 행동, 상태 등에 해당하는 낱말을 **보기** 에서 찾아 □ 안에 쓰세요.

❶ 이름씨

❷ 움직씨

❸ 이름씨

❹ 움직씨

❺ 움직씨

보기 · 잡다 · 술래 · 감다 · 비기다 · 벌칙 · 모래 · 꽂다 · 허물다

 **낱말 뜻 알기**

□ 안에는 어떤 낱말의 첫 글자가 쓰여 있습니다. 이 첫 글자를 참고하여 □에 알맞은 말을 넣어 낱말 풀이를 완성해 보세요.

❶ **감다** : 눈꺼풀을 내려 눈│ │ │를 덮다.

❷ **꽂다** : 쓰러지거나 빠│ │지 않게 박아 세우거나 끼│ │다.

❸ **벌칙** : 약│ │이나 법을 어겼을 때 주는 벌을 정해 놓은 규│ │.

❹ **비기다** : 서로 점│ │가 같아서 승│ │를 가리지 못하다.

❺ **허물다** : 쌓│ │거나 짜이거나 지어져 있는 것을 헐어서 무│ │지게 하다.

 **낱말 친구 사총사**

다음 밑줄 친 낱말의 뜻이 다른 셋과 같지 <u>않은</u> 것은 어느 것인지 번호를 고르세요.

❶  눈을 **감으면** 엄마 얼굴이 선명하게 떠올라.

❷ 나는 너무 무서워서 눈을 꼭 **감았어.**

❸  아기가 졸려서 눈을 **감는** 모습이 무척 귀여웠어.

❹  친구가 팔에 붕대를 **감고** 있는 모습을 보니, 마음이 아팠어.

 **연상되는 낱말 찾기**

다음은 세 낱말을 보고 공통으로 연상되는 낱말을 찾는 문제입니다. 세 낱말과 관련 있는 낱말을 써 보세요.

찾다	숨바꼭질	–잡기	⟶	
백사장	잘다	돌	⟶	
시합	동점	무승부	⟶	

 **짧은 글짓기**

주어진 낱말을 이용하여 **보기** 와 같은 형식으로 짧은 글을 지어 보세요.

보기 　누가 + 무엇을 + 어떻게 했다

잡다	
벌칙	
꽂다	

낱말 쌈 싸 먹기

알쏭달쏭 헛갈리는 맞춤법, 띄어쓰기, 관용어, 한자어가 이제 한입에 쏙!
하루에 한 쪽씩 맛있게 냠냠 해치우자!

맞춤법 다음 문장에서 맞춤법이 <u>틀린</u> 낱말을 찾아 바르게 고쳐 써 보세요.

> 남비에서 물이 팔팔 끓고 있다.   (   ) → (   )

띄어쓰기 주어진 두 문장 중 하나에는 띄어쓰기가 틀린 부분이 있습니다. 둘 중 바르게 띄어쓰기를 한 문장을 찾아서 ○표 하세요.

㉮ 나는 그 일을 **두고 두고** 후회하였습니다.   ㉯ 나는 그 일을 **두고두고** 후회하였습니다.

도움말 '여러 번에 걸쳐 오랫동안'을 뜻하는 한 낱말입니다.

관용어 □ 안에 낱말을 넣어서 그림 속 상황과 어울리는 속담이나 격언 등을 만들어 보세요.

글쎄, 선생님께서 어제……,

헉!

□□□도 제 말 하면 온다

한자어 글의 의미에 맞게 □ 안에 들어갈 알맞은 사자성어를 보기 에서 찾아 써 보세요.

두 사람의 실력이 □□□□(이어)여서, 누가 이길지 짐작할 수가 없었다.

보기 • 지피지기(知彼知己)   • 백전백승(百戰百勝)   • 막상막하(莫上莫下)

가로·세로 **낱말** 만들기

11

 주어진 글자를 연결하여 **10** 회에 공부한 낱말을 만들어 보세요.

			물	다	래		
			벌				

래	기	작	칙	물
다	벌	허	비	술

★ 도전 시간 | **2분**

★ 만들 낱말 수 | **4개**

★ 만든 낱말 수 | **개**

낱말은 쏙쏙! 생각은 쑥쑥!

그림으로 낱말 찾기

지시선이 가리키는 그림을 보고 사물의 이름이나 행동, 상태 등에 해당하는 낱말을 **보기** 에서 찾아 □ 안에 쓰세요.

❶ 이름씨

❷ 이름씨

❸ 이름씨

❹ 이름씨

❺ 움직씨

보기 ·끌다 ·뿌리다 ·보름달 ·곡식 ·씨 ·강둑 ·망설이다 ·형제

낱말 뜻 알기

□ 안에는 어떤 낱말의 첫 글자가 쓰여 있습니다. 이 첫 글자를 참고하여 □에 알맞은 말을 넣어 낱말 풀이를 완성해 보세요.

❶ **강둑** : 강 □ 이 넘치지 않게 하려고 쌓은 둑.

❷ **뿌리다** : 곳곳에 흘 □ 지도록 던 □ 거나 떨어지게 하다.

❸ **망설이다** : 이리저리 생 □ 만 하고 태도를 결 □ 하지 못하다.

❹ **씨** : 열 □ 속에 있는 단단한 부분으로, 심으면 □ 이 나는 것.

❺ **곡식** : 식량이 되는 쌀, 보 □ , 키, 조, 기장, 수수, 밀, 옥 □ □ 따위를 통틀어 이르는 말.

낱말 친구 사총사

다음 밑줄 친 낱말의 뜻이 다른 셋과 같지 <u>않은</u> 것은 어느 것인지 번호를 고르세요.

① 엄마는 내가 자꾸 시간을 **끌자** 화를 내셨어.

② 우리는 대청소를 하려고 책상과 의자를 모두 뒤로 **끌었어.**

③ 우리는 힘을 합쳐 무거운 쌀가마니를 **끌었어.**

④ 그 소는 정말 가볍게 쟁기를 **끌어.**

연상되는 낱말 찾기

다음은 세 낱말을 보고 공통으로 연상되는 낱말을 찾는 문제입니다. 세 낱말과 관련 있는 낱말을 써 보세요.

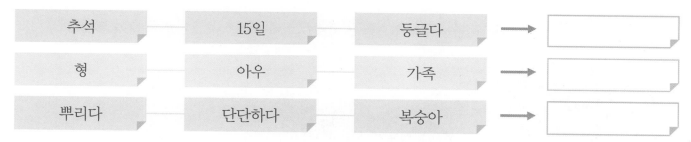

추석	15일	둥글다	⟶	
형	아우	가족	⟶	
뿌리다	단단하다	복숭아	⟶	

짧은 글짓기

주어진 낱말을 이용하여 **보기** 와 같은 형식으로 짧은 글을 지어 보세요.

보기   누가 + 무엇을 + 어떻게 했다

뿌리다	
망설이다	
형제	

낱말 쌈 싸 먹기

알쏭달쏭 헛갈리는 맞춤법, 띄어쓰기, 관용어,
한자어가 이제 한입에 쏙!
하루에 한 쪽씩 맛있게 냠냠 해치우자!

맞춤법 다음 문장에서 (   ) 안의 낱말 중 맞춤법이 맞는 낱말에 ○표 하세요.

현이와 현수는 쌍둥이지만 서로 생김새가 (다르다, 틀리다).

띄어쓰기 주어진 두 문장 중 하나에는 띄어쓰기가 틀린 부분이 있습니다. 둘 중 바르게 띄어쓰기를 한 문장을 찾아서 ○표 하세요.

㉮ 고기를 **세 근**이나 구워 먹었습니다. 　　㉯ 고기를 **세근**이나 구워 먹었습니다.

도움말 '근'은 무게를 나타내는 단위입니다.

관용어 □ 안에 낱말을 넣어서 그림 속 상황과 어울리는 속담이나 격언 등을 만들어 보세요.

드디어 잡았다!

아야 한 번만 하고 말걸

□□가 길면 밟힌다

한자어 글의 의미에 맞게 □ 안에 들어갈 알맞은 한자어를 **보기** 에서 찾아 써 보세요.

김구 선생은 □□ 동안 □□(와)과 민족을 위해 일하셨다.

보기 · 平生 　· 平面 　· 家庭 　· 國家

12

가로·세로 낱말 만들기

 주어진 글자를 연결하여 ⑪ 회에 공부한 낱말을 만들어 보세요.

				제			
				설	이		
					름		

제	이	보	탈	다
설	달	형	망	름

★ 도전 시간 | **2분**

★ 만들 낱말 수 | **3개**

★ 만든 낱말 수 | **개**

낱말은 쏙쏙! 생각은 쑥쑥!

그림으로 낱말 찾기

지시선이 가리키는 그림을 보고 사물의 이름이나 행동, 상태 등에 해당하는 낱말을 보기 에서 찾아 □ 안에 쓰세요.

③ 이름씨

④ 이름씨

❶ 움직씨

⑤ 이름씨

❷ 움직씨

너 때문에 망가졌잖아!

보기 · 고장 · 놀리다 · 공공장소 · 다투다 · 화해하다 · 로봇 · 구경하다 · 친절하다

낱말 뜻 알기

□ 안에는 어떤 낱말의 첫 글자가 쓰여 있습니다. 이 첫 글자를 참고하여 □에 알맞은 말을 넣어 낱말 풀이를 완성해 보세요.

❶ **구경하다** : 흥□ 나 관심을 가지고 보다.

❷ **친절하다** : 대하는 태□ 가 매우 정겹고 고□□□ 하다.

❸ **놀리다** : 짓□ 게 굴거나 흉을 보거나 웃□ 거리로 만들다.

❹ **다투다** : 의□ 이나 이해의 대립으로 서로 따지며 싸□ 다.

❺ **화해하다** : 싸□ 하던 것을 멈추고 서로 가지고 있던 안 좋은 감□ 을 풀어 없애다.

다음 밑줄 친 낱말의 뜻이 다른 셋과 같지 <u>않은</u> 것은 어느 것인지 번호를 고르세요.

① 이 절은 우리 **고장**에서 가장 유명한 유적이야.

② 동생이 내 장난감을 **고장** 내는 바람에 동생과 싸웠어.

③ 아빠가 **고장** 난 시계를 멀쩡하게 고쳐 주셨어.

④ 이 컴퓨터는 오래되어서 **고장**이 잦은 편이야.

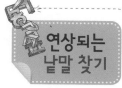

연상되는
낱말 찾기

다음은 세 낱말을 보고 공통으로 연상되는 낱말을 찾는 문제입니다. 세 낱말과 관련 있는 낱말을 써 보세요.

기계	인조인간	휴보	→	
여럿	장소	예절	→	
웃음거리	별명	알나리깔나리	→	

짧은
글짓기

주어진 낱말을 이용하여 보기 와 같은 형식으로 짧은 글을 지어 보세요.

보기   누가 + 무엇을 + 어떻게 했다

친절하다	
화해하다	
구경하다	

낱말 쌈 싸 먹기

알쏭달쏭 헷갈리는 맞춤법, 띄어쓰기, 관용어,
한자어가 이제 한입에 쏙!
하루에 한 쪽씩 맛있게 냠냠 해치우자!

맞춤법 다음 문장에서 맞춤법이 <u>틀린</u> 낱말을 찾아 바르게 고쳐 써 보세요.

> 매운 떡뽁기와 어묵이 먹고 싶었다. (   ) → (   )

띄어쓰기 주어진 두 문장 중 하나에는 띄어쓰기가 틀린 부분이 있습니다. 둘 중 바르게 띄어쓰기를 한 문장을 찾아서 ○표 하세요.

㉮ **기와집** 앞에서 사진을 찍었습니다.   ㉯ **기와 집** 앞에서 사진을 찍었습니다.

도움말 '지붕을 기와로 인 집'을 뜻하는 한 낱말입니다.

관용어 □ 안에 낱말을 넣어서 그림 속 상황과 어울리는 속담이나 격언 등을 만들어 보세요.

> 배신자!
> 안 이른다더니……
>
> 히히—

믿는 □□ 에
□□ 찍힌다

한자어 글의 의미에 맞게 □ 안에 들어갈 알맞은 사자성어를 보기 에서 찾아 써 보세요.

□□□□ (이)라고, 눈앞에 보물이 산더미처럼 쌓인 것을 보니 나도 몰래 욕심이 났다.

보기 • 일사천리(一瀉千里)   • 견물생심(見物生心)   • 일거양득(一擧兩得)

가로·세로 낱말 만들기

 주어진 글자를 연결하여 **12** 회에 공부한 낱말을 만들어 보세요.

		친					
		구					
				장			
				로			

경	해	로	절	장
친	고	구	화	봇

★ 도전 시간 | **2분**

★ 만들 낱말 수 | **5개**

★ 만든 낱말 수 | **개**

낱말은 쏙쏙! 생각은 쑥쑥!

낱말 영역 |

걸린 시간 |　　　분　　　초

 **그림으로 낱말 찾기**

지시선이 가리키는 그림을 보고 사물의 이름이나 행동, 상태 등에 해당하는 낱말을 **보기** 에서 찾아 ☐ 안에 쓰세요.

❶ 이름씨

❷ 이름씨

❸ 이름씨

❹ 그림씨

❺ 그림씨

수박이 얼음장 같군.

보기 ·식물　·동물　·덥다　·차다　·위험하다　·날씨　·방학　·물놀이

📖 **낱말 뜻 알기**

☐ 안에는 어떤 낱말의 첫 글자가 쓰여 있습니다. 이 첫 글자를 참고하여 ☐에 알맞은 말을 넣어 낱말 풀이를 완성해 보세요.

❶ **덥다** : 기☐이 높거나 기타의 이유로 몸에 느끼는 기운이 뜨☐다.

❷ **위험하다** : 실패하거나 목☐을 위태롭게 할 만큼 안☐하지 못하다.

❸ **날씨** : 그날그날의 비, 구☐, 바☐, 기온 따위가 나타나는 기상 상태.

❹ **방학** : 학☐에서 학기나 학년이 끝난 뒤 또는 더위, 추☐가 심한 일정 기간 동안 수☐을 쉬는 일. 또는 그 기간.

❺ **식물** : 풀이나 나☐, 버섯과 같은 생물. 일반적으로 이☐할 수 없음.

낱말 친구 사총사

다음 밑줄 친 낱말의 뜻이 다른 셋과 같지 <u>않은</u> 것은 어느 것인지 번호를 <u>고르세요</u>.

①  너무 더워서 **찬** 음료수를 마시고 싶어.

②  엄마가 **찬** 걸 너무 많이 먹으면 배탈이 난다고 하셨어.

③  바깥 공기가 제법 **찬** 걸 보니, 이제 곧 겨울이 올 것 같아.

④  내가 **찬** 공이 골대를 맞고 나와서, 너무 아쉬웠어.

연상되는 낱말 찾기

다음은 세 낱말을 보고 공통으로 연상되는 낱말을 찾는 문제입니다. 세 낱말과 관련 있는 낱말을 써 보세요.

여름	숙제	쉬다	⟶	
비	그날그날	일기 예보	⟶	
생물	움직이다	토끼	⟶	

짧은 글짓기

주어진 낱말을 이용하여 보기 와 같은 형식으로 짧은 글을 지어 보세요.

보기	누가 + 무엇을 + 어떻게 했다

물놀이	
위험하다	
차다	

낱말 쌈 싸 먹기

알쏭달쏭 헷갈리는 맞춤법, 띄어쓰기, 관용어, 한자어가 이제 한입에 쏙!
하루에 한 쪽씩 맛있게 냠냠 해치우자!

맞춤법 다음 문장에서 ( ) 안의 낱말 중 맞춤법이 맞는 낱말에 ○표 하세요.

> 주환이는 바닥을 걸레로 싹싹 문질러 (딱았다, 닦았다).

띄어쓰기 주어진 두 문장 중 하나에는 띄어쓰기가 틀린 부분이 있습니다. 둘 중 바르게 띄어쓰기를 한 문장을 찾아서 ○표 하세요.

가 **풋 사과**가 많이 떨어져 있었습니다.

나 **풋사과**가 많이 떨어져 있었습니다.

도움말 '아직 덜 익은 사과'를 뜻하는 한 낱말입니다.

관용어 □ 안에 낱말을 넣어서 그림 속 상황과 어울리는 속담이나 격언 등을 만들어 보세요.

고기다!

고기라면 자다가도 벌떡 일어나지.

눈에 □을 켜다

한자어 글의 의미에 맞게 □ 안에 들어갈 알맞은 한자어를 **보기**에서 찾아 써 보세요.

얼마 전에 고등학교를 졸업한 큰형이, 3월이면 □□에 □□한다.

보기 · 數學 · 大學 · 入學 · 文學

가로·세로 낱말 만들기

14

 주어진 글자를 연결하여 **13** 회에 공부한 낱말을 만들어 보세요.

		물	씨			
		이	방			

학	험	코	이	씨
날	놀	방	위	물

★ 도전 시간	2분
★ 만들 낱말 수	4개
★ 만든 낱말 수	개

낱말은 쏙쏙! 생각은 쑥쑥!

낱말 영역 |

걸린 시간 | 　분　　초

그림으로 낱말 찾기

지시선이 가리키는 그림을 보고 사물의 이름이나 행동, 상태 등에 해당하는 낱말을 보기 에서 찾아 □ 안에 쓰세요.

❶ 이름씨

		실

❷ 이름씨

❸ 움직씨

❹ 이름씨

❺ 움직씨

音樂室

보기 　• 장구　　• 경쾌하다　　• 음악　　• 치다　　• 상상하다　　• 동작　　• 곱다　　• 부르다

낱말 뜻 알기

□ 안에는 어떤 낱말의 첫 글자가 쓰여 있습니다. 이 첫 글자를 참고하여 □에 알맞은 말을 넣어 낱말 풀이를 완성해 보세요.

❶ **곱다** : 모양, 생 □ □ , 행동거지 따위가 산뜻하고 아 □ □ 다.

❷ **경쾌하다** : 움 □ □ 이나 모습, 기분 따위가 가 □ 고 상쾌하다.

❸ **음악** : 목 □ □ 나 악기를 통하여 생각이나 감정을 나타내는 예 □ .

❹ **동작** : 무 □ 이나 춤 따위에서, 특정한 형식을 갖는 몸이나 손 □ 의 움직임.

❺ **상상하다** : 존재하지 않거나 보 □ 지 않는 것의 모양을 마 □ 속으로 그려 보다.

 **낱말 친구 사총사**

다음 밑줄 친 낱말의 뜻이 다른 셋과 같지 <u>않은</u> 것은 어느 것인지 번호를 고르세요.

①  나는 피아노를 아주 잘 **쳐**.

② 우리는 어제 선생님께 장구 **치는** 법을 배웠어.

③  갑자기 큰 파도가 **치는** 바람에 사람들이 모두 깜짝 놀랐어.

④  나는 이번 연주회에서 북을 **치기로** 했어.

 **연상되는 낱말 찾기**

다음은 세 낱말을 보고 공통으로 연상되는 낱말을 찾는 문제입니다. 세 낱말과 관련 있는 낱말을 써 보세요.

사물놀이	허리	채편	➝	
예술	가락	박자	➝	
이름	노래	입	➝	

 **짧은 글짓기**

주어진 낱말을 이용하여 **보기** 와 같은 형식으로 짧은 글을 지어 보세요.

보기 누가 + 언제 + 어디서 + 무엇을 + 어떻게 했다

경쾌하다	
상상하다	
곱다	

낱말 쌈 싸 먹기

알쏭달쏭 헛갈리는 맞춤법, 띄어쓰기, 관용어, 한자어가 이제 한입에 쏙!
하루에 한 쪽씩 맛있게 냠냠 해치우자!

맞춤법 다음 문장에서 맞춤법이 <u>틀린</u> 낱말을 찾아 바르게 고쳐 써 보세요.

매뚜기가 만복이 어깨에 앉았다.　　　　(　　　　　) → (　　　　　)

띄어쓰기 주어진 두 문장 중 하나에는 띄어쓰기가 틀린 부분이 있습니다. 둘 중 바르게 띄어쓰기를 한 문장을 찾아서 ○표 하세요.

㉮ 공이 **굴러가다**가 하수구에 빠졌습니다.　　　　㉯ 공이 **굴러 가다**가 하수구에 빠졌습니다.

도움말 '어떤 곳을 굴러서 가다.' 라는 뜻을 가진 한 낱말입니다.

관용어 □ 안에 낱말을 넣어서 그림 속 상황과 어울리는 속담이나 격언 등을 만들어 보세요.

천하제일의 궁수가 웬일이오?

아, 실수!

□□□도 나무에서 떨어질 진다.

한자어 글의 의미에 맞게 □ 안에 들어갈 알맞은 사자성어를 보기 에서 찾아 써 보세요.

방학을 해서 좋으냐는 선생님의 물음에, 아이들은 □□□□(으)로 그렇다고 대답했다.

보기　· 이구동성(異口同聲)　　· 유구무언(有口無言)　　· 십중팔구(十中八九)

가로·세로 낱말 만들기

15

주어진 글자를 연결하여 **14** 회에 공부한 낱말을 만들어 보세요.

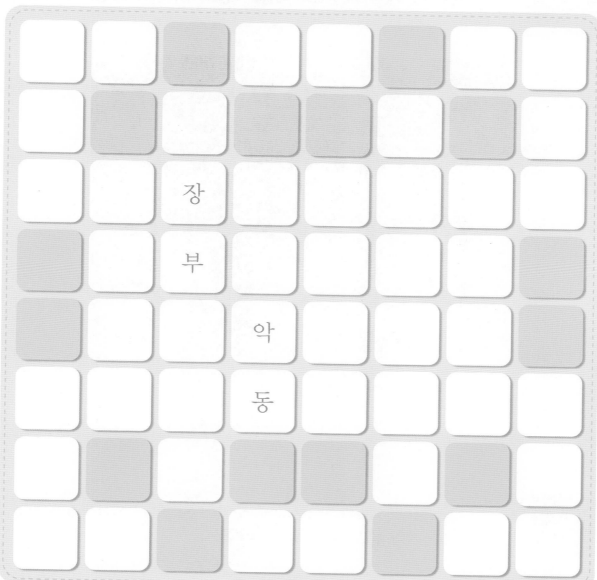

르	음	할	구	작
장	다	동	부	악

★ 도전 시간	**2분**
★ 만들 낱말 수	**4개**
★ 만든 낱말 수	개

낱말은 쏙쏙! 생각은 쑥쑥!

그림으로 낱말 찾기

지시선이 가리키는 그림을 보고 사물의 이름이나 행동, 상태 등에 해당하는 낱말을 **보기** 에서 찾아 □ 안에 쓰세요.

❶ 이름씨

❷ 이름씨

❸ 움직씨

❹ 이름씨

❺ 이름씨

보기 ・조르다　・쓰레기　・버리다　・심부름　・칭찬　・꾸중　・나들이　・공원

낱말 뜻 알기

□ 안에는 어떤 낱말의 첫 글자가 쓰여 있습니다. 이 첫 글자를 참고하여 □에 알맞은 말을 넣어 낱말 풀이를 완성해 보세요.

❶ 꾸중 : 아랫사람의 잘□ 을 꾸짖는 말.

❷ 나들이 : 집을 떠나 가까운 곳에 잠시 다□□ 는 일.

❸ 심부름 : 남이 시□ 는 일이나 부□ 을 받아 해 주는 일.

❹ 조르다 : 누구에게 무엇을 해 달라고 끈질기게 요□ 하다.

❺ 칭찬 : 좋은 점이나 착하고 훌□ 한 일을 높이 평□ 함. 또는 그런 말.

낱말 친구 사총사

다음 밑줄 친 낱말의 뜻이 다른 셋과 같지 <u>않은</u> 것은 어느 것인지 번호를 고르세요.

❶
누나는 날씬해 보이고 싶다면서 허리띠를 **졸랐어**.

❷
나는 엄마께 피아노를 사 달라고 **졸랐어**.

❸
내가 자꾸 나들이를 가자고 **조르니까** 결국은 엄마도 승낙하셨어.

❹
내 동생이 자기도 공놀이에 끼워 달라고 자꾸 **졸라서** 귀찮아.

연상되는 낱말 찾기

다음은 세 낱말을 보고 공통으로 연상되는 낱말을 찾는 문제입니다. 세 낱말과 관련 있는 낱말을 써 보세요.

버리다	–통	휴지	➡	
소풍	봄–	다녀오다	➡	
잘못	꾸짖다	벌	➡	

짧은 글짓기

주어진 낱말을 이용하여 **보기**와 같은 형식으로 짧은 글을 지어 보세요.

보기　　누가 + 무엇을 + 어떻게 했다

심부름	
공원	
버리다	

낱말 쌈 싸 먹기

알쏭달쏭 헛갈리는 맞춤법, 띄어쓰기, 관용어, 한자어가 이제 한입에 쏙!
하루에 한 쪽씩 맛있게 냠냠 해치우자!

맞춤법 다음 문장에서 ( ) 안의 낱말 중 맞춤법이 맞는 낱말에 ○표 하세요.

명희가 허리를 (반드시, 반듯이) 하고 의자에 앉았다.

띄어쓰기 주어진 두 문장 중 하나에는 띄어쓰기가 틀린 부분이 있습니다. 둘 중 바르게 띄어쓰기를 한 문장을 찾아서 ○표 하세요.

㉮ 나는 **힘 없는** 목소리로 대답하였습니다.

㉯ 나는 **힘없는** 목소리로 대답하였습니다.

도움말 '기운이나 의욕 따위가 없다.'를 뜻하는 한 낱말입니다.

관용어 □ 안에 낱말을 넣어서 그림 속 상황과 어울리는 속담이나 격언 등을 만들어 보세요.

우리 셋을 제치고 바나나킥으로 골인시켜 봐.

그건 너무 어려워!

하늘의 □ 따기

한자어 글의 의미에 맞게 □ 안에 들어갈 알맞은 한자어를 **보기**에서 찾아 써 보세요.

□□을 지키기 위해 거짓말을 하기보다는 □□하게 죽는 것이 낫다.

보기 ・生命 ・生前 ・正面 ・正直

가로·세로 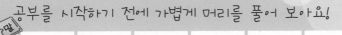 낱말 만들기

 주어진 글자를 연결하여 **15** 회에 공부한 낱말을 만들어 보세요.

			이	레			
			름				

름	들	레	부	이
쓰	심	나	멸	기

★ 도전 시간	1분
★ 만들 낱말 수	3개
★ 만든 낱말 수	개

낱말은 쏙쏙! 생각은 쑥쑥!

 **그림으로 낱말 찾기**

지시선이 가리키는 그림을 보고 사물의 이름이나 행동, 상태 등에 해당하는 낱말을 보기 에서 찾아 ☐ 안에 쓰세요.

❶ 이름씨

❷ 이름씨

❸ 움직씨

❹ 이름씨

❺ 이름씨

보기　• 모양　　• 상자　　• 알맞다　　• 순서　　• 신발장　　• 넣다　　• 잃다　　• 번호

 **낱말 뜻 알기**

☐ 안에는 어떤 낱말의 첫 글자가 쓰여 있습니다. 이 첫 글자를 참고하여 ☐에 알맞은 말을 넣어 낱말 풀이를 완성해 보세요.

❶ **넣다** : 한정된 공☐ 속으로 들게 하다.

❷ **모양** : 겉으로 나타나는 생☐☐나 모습.

❸ **번호** : 차☐를 나타내거나 식별하기 위해 붙이는 숫☐.

❹ **알맞다** : 일정한 기준, 조☐, 정도 등에 넘☐거나 모자라지 않고 꼭 맞다.

❺ **상자** : 물☐을 넣어 두기 위하여 나무, 대나무, 두꺼운 종이 같은 것으로 만든 네☐난 그릇.

다음 밑줄 친 낱말 중 다른 셋을 포함하는 <u>큰 말</u>에 해당하는 낱말을 고르세요.

① 누나는 달력마다 자기 생일에 **동그라미**를 쳐 놓았어.

② 엄마랑 여러 가지 **모양**으로 과자를 만들었어.

③ 색종이를 이렇게 **세모**로 접어 봐.

④ 달이 **네모**라면 꼭 하늘에 난 창문 같겠지?

 **연상되는**
낱말 찾기

다음은 세 낱말을 보고 공통으로 연상되는 낱말을 찾는 문제입니다. 세 낱말과 관련 있는 낱말을 써 보세요.

네모	케이크	선물	➡	
숫자	전화	차례	➡	
복도	신발	넣다	➡	

 **짧은**
글짓기

주어진 낱말을 이용하여 **보기**와 같은 형식으로 짧은 글을 지어 보세요.

보기 누가 + 어디서 + 무엇을 + 어떻게 했다

알맞다	
잃다	
순서	

낱말 쌈 싸 먹기

알쏭달쏭 헛갈리는 맞춤법, 띄어쓰기, 관용어,
한자어가 이제 한입에 쏙!
하루에 한 쪽씩 맛있게 냠냠 해치우자!

맞춤법 다음 문장에서 맞춤법이 <u>틀린</u> 낱말을 찾아 바르게 고쳐 써 보세요.

> 식사 후에 아빠는 주방에서 설겆이를 하셨다.　　　　(　　　) → (　　　)

띄어쓰기 주어진 두 문장 중 하나에는 띄어쓰기가 틀린 부분이 있습니다. 둘 중 바르게 띄어쓰기를 한 문장을 찾아서 ○표 하세요.

㉮ 나는 **일곱 살**에 초등학교에 입학했습니다.　　　㉯ 나는 **일곱살**에 초등학교에 입학했습니다.

도움말 '살'은 수량을 세는 단위입니다.

관용어 □ 안에 낱말을 넣어서 그림 속 상황과 어울리는 속담이나 격언 등을 만들어 보세요.

형, 같이 가.

멍멍

미안, 나도 무서워!

내 □가 석 자

한자어 글의 의미에 맞게 □ 안에 들어갈 알맞은 사자성어를 **보기**에서 찾아 써 보세요.

□□□□ 인지, 부부는 누가 먼저랄 것도 없이 불쌍한 아이에게 먹을 것을 주었다.

보기　· 이심전심(以心傳心)　　· 형형색색(形形色色)　　· 천고마비(天高馬肥)

가로·세로 낱말 만들기

 주어진 글자를 연결하여 16 회에 공부한 낱말을 만들어 보세요.

				호		
			서	신		

맞	발	장	서	번
순	다	호	알	신

★ 도전 시간 | **1분**

★ 만들 낱말 수 | **4개**

★ 만든 낱말 수 | 개

낱말은 쏙쏙! 생각은 쑥쑥!

그림으로 낱말 찾기

지시선이 가리키는 그림을 보고 사물의 이름이나 행동, 상태 등에 해당하는 낱말을 보기 에서 찾아 ☐ 안에 쓰세요.

❶ 움직씨

❷ 이름씨

❸ 그림씨

❹ 움직씨

❺ 이름씨

보기 • 씻다   • 치약   • 틀다   • 거품   • 피하다   • 미끄럽다   • 먼지   • 비누

낱말 뜻 알기

☐ 안에는 어떤 낱말의 첫 글자가 쓰여 있습니다. 이 첫 글자를 참고하여 ☐에 알맞은 말을 넣어 낱말 풀이를 완성해 보세요.

❶ 먼지 : 가늘고 보드라운 티☐.

❷ 치약 : ☐를 닦☐ 데 쓰는 약.

❸ 피하다 : 비, 눈 등을 맞☐ 않게 몸을 옮기다.

❹ 씻다 : 물이나 휴☐ 등으로 때나 더☐☐ 것을 없게 하다.

❺ 비누 : 때를 씻어 낼 때 쓰는 물건. 물에 녹으면 거☐이 일어남.

낱말 친구 사총사

다음 밑줄 친 낱말의 뜻이 다른 셋과 같지 <u>않은</u> 것은 어느 것인지 번호를 고르세요.

❶
갑자기 야구공이 날아와서 얼른 **피했어**.

❷
여기서 잠시 비를 **피해도** 될까요?

❸
차가 흙탕물을 튀기며 지나갔는데 미처 **피하지** 못해서 뒤집어썼어.

❹
무서운 형들이랑 마주치는 걸 **피하려고** 뒷문으로 다녔어.

연상되는 낱말 찾기

다음은 세 낱말을 보고 공통으로 연상되는 낱말을 찾는 문제입니다. 세 낱말과 관련 있는 낱말을 써 보세요.

양치질	칫솔	소금	→	
참기름	빙판길	엉덩방아	→	
세면도구	세수	빨래	→	

짧은 글짓기

주어진 낱말을 이용하여 **보기** 와 같은 형식으로 짧은 글을 지어 보세요.

보기   누가 + 왜 + 무엇을 + 어떻게 했다

틀다	
먼지	
거품	

낱말 쌈 싸 먹기

알쏭달쏭 헷갈리는 맞춤법, 띄어쓰기, 관용어, 한자어가 이제 한입에 쏙!
하루에 한 쪽씩 맛있게 냠냠 해치우자!

맞춤법 다음 문장에서 (   ) 안의 낱말 중 맞춤법이 맞는 낱말에 ○표 하세요.

밥에 감자와 당근을 썰어 넣어 (볶음밥, 뽁음밥)을 만들었다.

띄어쓰기 주어진 두 문장 중 하나에는 띄어쓰기가 틀린 부분이 있습니다. 둘 중 바르게 띄어쓰기를 한 문장을 찾아서 ○표 하세요.

⑦ **길바닥**에 떨어진 휴지를 주웠습니다.

④ **길 바닥**에 떨어진 휴지를 주웠습니다.

도움말 '길의 바닥 표면'을 뜻하는 한 낱말입니다.

관용어 □ 안에 낱말을 넣어서 그림 속 상황과 어울리는 속담이나 격언 등을 만들어 보세요.

> 오늘은 돈이 별로 없으니 간단하게 먹자.

□□□가 가볍다

한자어 글의 의미에 맞게 □ 안에 들어갈 알맞은 한자어를 **보기**에서 찾아 써 보세요.

할머니께서는 우리 집안이 대대로 □□(이)가 많이 나온 훌륭한 □□(이)라고 하셨다.

보기 ・孝誠 ・孝子 ・家門 ・大門

가로·세로 낱말 만들기

18

 주어진 글자를 연결하여 ⑰ 회에 공부한 낱말을 만들어 보세요.

				거	미		
			약				
			지				

약	럽	지	다	거
먼	미	품	치	끄

★ 도전 시간 | **1분**

★ 만들 낱말 수 | **4개**

★ 만든 낱말 수 | **개**

그림으로 낱말 찾기

지시선이 가리키는 그림을 보고 사물의 이름이나 행동, 상태 등에 해당하는 낱말을 보기 에서 찾아 ☐ 안에 쓰세요.

❶ 이름씨

❷ 이름씨

❸ 움직씨

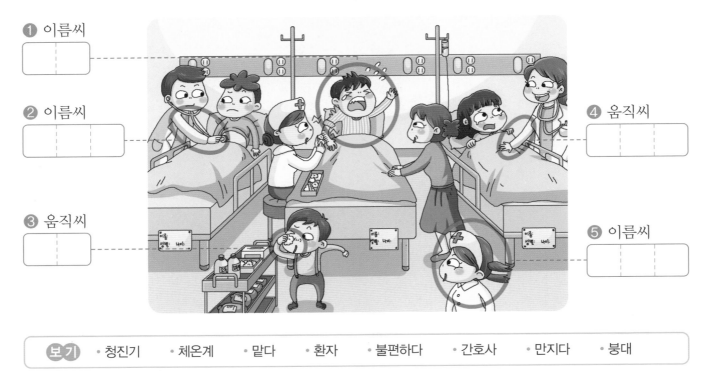

❹ 움직씨

❺ 이름씨

보기   • 청진기   • 체온계   • 맡다   • 환자   • 불편하다   • 간호사   • 만지다   • 붕대

낱말 뜻 알기

☐ 안에는 어떤 낱말의 첫 글자가 쓰여 있습니다. 이 첫 글자를 참고하여 ☐에 알맞은 말을 넣어 낱말 풀이를 완성해 보세요.

❶ **붕대** : 상☐ 나 부스럼 등에 감는 소독한 형☐ .

❷ **환자** : 병들거나 다☐ 서 치☐ 를 받아야 할 사람.

❸ **불편하다** : 몸이나 마음이 편하지 않고 괴☐☐ .

❹ **간호사** : 의☐ 의 진료를 돕고 환자를 돌☐☐ 사람.

❺ **청진기** : 환☐ 의 몸 안에서 나는 소☐ 를 듣는 데 쓰는 의료 기구.

다음 밑줄 친 낱말의 뜻이 다른 셋과 같지 <u>않은</u> 것은 어느 것인지 번호를 고르세요.

❶

내 동생은 개처럼 정말 냄새를 잘 **맡아**.

❷

우리 엄마가 1년 동안 아파트 부녀회 회장을 **맡게** 됐대.

❸

이 음식 상했는지 냄새 좀 **맡아** 봐.

❹

장미 향기를 **맡으니** 기분이 좋아지는걸.

연상되는 낱말 찾기

다음은 세 낱말을 보고 공통으로 연상되는 낱말을 찾는 문제입니다. 세 낱말과 관련 있는 낱말을 써 보세요.

열	재다	겨드랑이	➡	
흰색	감다	상처	➡	
병원	주사	나이팅게일	➡	

짧은 글짓기

주어진 낱말을 이용하여 보기 와 같은 형식으로 짧은 글을 지어 보세요.

보기   누가 + 언제 + 무엇을 + 어떻게 했다

환자	
만지다	
불편하다	

낱말 쌈 싸 먹기

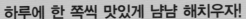 알쏭달쏭 헷갈리는 맞춤법, 띄어쓰기, 관용어, 한자어가 이제 한입에 쏙! **하루에 한 쪽씩 맛있게 냠냠 해치우자!**

맞춤법 다음 문장에서 맞춤법이 **틀린** 낱말을 찾아 바르게 고쳐 써 보세요.

밥상 위에 숫가락과 젓가락을 놓았다. (   ) → (   )

띄어쓰기 주어진 두 문장 중 하나에는 띄어쓰기가 틀린 부분이 있습니다. 둘 중 바르게 띄어쓰기를 한 문장을 찾아서 ○표 하세요.

㉮ 공원 **한 가운데**에 분수가 있었습니다.   ㉯ 공원 **한가운데**에 분수가 있었습니다.

도움말 '공간, 시간, 상황 따위의 가운데'를 뜻하는 한 낱말입니다.

관용어 □ 안에 낱말을 넣어서 그림 속 상황과 어울리는 속담이나 격언 등을 만들어 보세요.

아, 피곤해. 후반전 시작하기 전까지 잠깐 잘게.

뭐?

쟤 전반전에 10분 뛰었어.

눈을 □□□

한자어 글의 의미에 맞게 □ 안에 들어갈 알맞은 사자성어를 **보기** 에서 찾아 써 보세요.

연아는 머리가 좋고, 운동도 잘하고, 얼굴까지 예뻐서 □□□□이라 불린다.

보기 • 팔방미인(八方美人)   • 타산지석(他山之石)   • 청출어람(靑出於藍)

가로·세로 낱말 만들기

 주어진 글자를 연결하여 **18** 회에 공부한 낱말을 만들어 보세요.

				대			
				체			
			청				
			자				

붕	기	진	자	계
온	환	체	청	대

★ 도전 시간 | **1분**

★ 만들 낱말 수 | **4개**

★ 만든 낱말 수 | 개

낱말은 쏙쏙! 생각은 쑥쑥!

낱말 영역	
걸린 시간	분 초

지시선이 가리키는 그림을 보고 사물의 이름이나 행동, 상태 등에 해당하는 낱말을 보기에서 찾아 ☐ 안에 쓰세요.

❶ 이름씨

❷ 움직씨

❸ 움직씨

❹ 이름씨

❺ 이름씨

보기   • 버티다   • 체조   • 통과하다   • 균형   • 부드럽다   • 장애물   • 훌라후프   • 빠지다

낱말 뜻 알기

☐ 안에는 어떤 낱말의 첫 글자가 쓰여 있습니다. 이 첫 글자를 참고하여 ☐에 알맞은 말을 넣어 낱말 풀이를 완성해 보세요.

❶ **빠지다** : 박힌 물건이 제☐☐에서 나오다.

❷ **통과하다** : 어떤 곳이나 때를 거☐☐ 지나가다.

❸ **균형** : 어느 한☐으로 기☐거나 치우치지 않고 고른 상태.

❹ **버티다** : 쓰☐☐지 않거나 밀리지 않으려고 팔, 다☐ 등으로 몸을 지탱하다.

❺ **훌라후프** : 플라스틱으로 만든 둥☐ 테를 허☐나 목으로 빙빙 돌리는 놀이. 또는 그 테.

낱말 친구 사총사

다음 밑줄 친 낱말의 뜻이 다른 셋과 같지 <u>않은</u> 것은 어느 것인지 번호를 고르세요.

①
윗니와 아랫니가 한꺼번에 **빠지니까** 밥 먹기가 불편해.

②
벽에 박은 못이 **빠져서** 시계가 떨어졌어.

③
무서운 이야기를 들으니 다리에 힘이 쭉 **빠지는** 것 같아.

④
머리 감을 때마다 머리카락이 너무 많이 **빠져.**

연상되는 낱말 찾기

다음은 세 낱말을 보고 공통으로 연상되는 낱말을 찾는 문제입니다. 세 낱말과 관련 있는 낱말을 써 보세요.

허리	돌리다	동그라미	⟶	
아기 살결	머릿결	감촉	⟶	
체육 시간	맨손	구령	⟶	

짧은 글짓기

주어진 낱말을 이용하여 보기 와 같은 형식으로 짧은 글을 지어 보세요.

보기   누가 + 어디서 + 무엇을 + 어떻게 했다

균형	
장애물	
통과하다	

낱말 쌈 싸 먹기

알쏭달쏭 헛갈리는 맞춤법, 띄어쓰기, 관용어,
한자어가 이제 한입에 쏙!
하루에 한 쪽씩 맛있게 냠냠 해치우자!

맞춤법 다음 문장에서 ( ) 안의 낱말 중 맞춤법이 맞는 낱말에 ○표 하세요.

겨울 방학 때 짝꿍에게 크리스마스카드를 써서 (붙였다, 부쳤다).

띄어쓰기 주어진 두 문장 중 하나에는 띄어쓰기가 틀린 부분이 있습니다. 둘 중 바르게 띄어쓰기를 한 문장을 찾아서 ○표 하세요.

㉮ 커다란 인형을 침대에 **올려놓았습니다.**

㉯ 커다란 인형을 침대에 **올려 놓았습니다.**

도움말 '어떤 물건을 무엇의 위에 옮겨 놓다.' 라는 뜻을 가진 한 낱말입니다.

관용어 □ 안에 낱말을 넣어서 그림 속 상황과 어울리는 속담이나 격언 등을 만들어 보세요.

세상에나!
말보다 빨리 달리는 게 있다니!

□□ 안 개구리

한자어 글의 의미에 맞게 □ 안에 들어갈 알맞은 한자어를 **보기** 에서 찾아 써 보세요.

내일 □□ 에는 □□ 적으로 비가 내렸다가 오후가 되면서 차차 그치겠습니다.

보기 · 午前 · 每日 · 國民 · 全國

가로·세로 낱말 만들기

20

주어진 글자를 연결하여 **19** 회에 공부한 낱말을 만들어 보세요.

						지	
			체	통	장		

지	물	체	통	다
애	과	빠	장	조

★ 도전 시간 | **1분**

★ 만들 낱말 수 | **4개**

★ 만든 낱말 수 | 개

낱말은 쏙쏙! 생각은 쑥쑥!

 **그림으로 낱말 찾기**

지시선이 가리키는 그림을 보고 사물의 이름이나 행동, 상태 등에 해당하는 낱말을 **보기** 에서 찾아 □ 안에 쓰세요.

❶ 그림씨

❷ 이름씨

❸ 이름씨

❹ 그림씨

❺ 이름씨

보기 ・송편　・커다랗다　・고양이　・흉내　・맵다　・신다　・숨다　・밥상

 **낱말 뜻 알기**

□ 안에는 어떤 낱말의 첫 글자가 쓰여 있습니다. 이 첫 글자를 참고하여 □에 알맞은 말을 넣어 낱말 풀이를 완성해 보세요.

❶ **밥상** : 음□ 을 갖추어 차린 상.

❷ **숨다** : 보이지 않게 몸을 감□□ .

❸ **신다** : 신, 버선, 양□ 등을 발에 꿰다.

❹ **흉내** : 남이 하는 말이나 행□ 을 그□□ 옮기는 짓.

❺ **송편** : 주로 추□ 때 먹는 떡. 멥쌀가루를 반죽하여 깨, 콩 등으로 소를 넣어 반□ 모양으로 빚음.

낱말 친구 사총사

다음 밑줄 친 낱말의 뜻이 다른 셋과 같지 <u>않은</u> 것은 어느 것인지 번호를 고르세요.

①
우리 아빠는 **매운** 음식을 좋아하셔.

②
오늘 반찬으로 나온 찌개가 너무 **매워서** 물을 잔뜩 먹었어.

③
학교 앞에서 파는 떡볶이는 **매워도** 정말 맛있어.

④
겨울바람이 **매우니** 옷을 따뜻하게 입고 나가라.

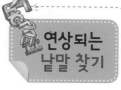
연상되는 낱말 찾기

다음은 세 낱말을 보고 공통으로 연상되는 낱말을 찾는 문제입니다. 세 낱말과 관련 있는 낱말을 써 보세요.

반달	떡	추석	→	
쥐	발톱	생선	→	
발	신발	양말	→	

짧은 글짓기

주어진 낱말을 이용하여 [보기] 와 같은 형식으로 짧은 글을 지어 보세요.

[보기]   누가 + 언제 + 무엇을 + 어떻게 했다

커다랗다	
밥상	
고양이	

낱말 쌈 싸 먹기

알쏭달쏭 헷갈리는 맞춤법, 띄어쓰기, 관용어,
한자어가 이제 한입에 쏙!
하루에 한 쪽씩 맛있게 냠냠 해치우자!

맞춤법 다음 문장에서 맞춤법이 <u>틀린</u> 낱말을 찾아 바르게 고쳐 써 보세요.

> 교실에 들어가기 전에 실래화로 바꿔 신었다. (   ) → (   )

띄어쓰기 주어진 두 문장 중 하나에는 띄어쓰기가 틀린 부분이 있습니다. 둘 중 바르게 띄어쓰기를 한 문장을 찾아서 ○표 하세요.

㉮ 차례 차례 들어와서 앞자리부터 앉으세요. **㉯ 차례차례** 들어와서 앞자리부터 앉으세요.

도움말 '차례를 따라서 순서 있게' 를 뜻하는 한 낱말입니다.

관용어 □ 안에 낱말을 넣어서 그림 속 상황과 어울리는 속담이나 격언 등을 만들어 보세요.

아까는 정말 미안했어,
기분 많이 나빴지?
앞으로는 조심할게.

이렇게까지 말하는데
내가 화 풀어야지.

□ 한마디에
천 냥 □ 도 갚는다

한자어 글의 의미에 맞게 □ 안에 들어갈 알맞은 사자성어를 **보기** 에서 찾아 써 보세요.

□□□□ (이)라더니, 그 힘든 시간을 잘 견디니까 이렇게 좋은 날이 오는구나.

보기 • 동고동락(同苦同樂) • 고진감래(苦盡甘來) • 청산유수(靑山流水)

가로·세로 낱말 만들기

21

 주어진 글자를 연결하여 20 회에 공부한 낱말을 만들어 보세요.

			내	상			
		이	송				

이	편	다	홍	양
내	고	상	송	밥

★ 도전 시간 | **1분**

★ 만들 낱말 수 | **4개**

★ 만든 낱말 수 | 개

낱말은 쏙쏙! 생각은 쑥쑥!

낱말 영역 |

걸린 시간 | 　　분　　초

그림으로 낱말 찾기

지시선이 가리키는 그림을 보고 사물의 이름이나 행동, 상태 등에 해당하는 낱말을 보기 에서 찾아 □ 안에 쓰세요.

❶ 이름씨

❷ 이름씨

❸ 움직씨

❹ 이름씨

❺ 움직씨

보기 ·냄새　·급식　·씹다　·식판　·조심하다　·쳐다보다　·떨어지다　·교실

낱말 뜻 알기

□ 안에는 어떤 낱말의 첫 글자가 쓰여 있습니다. 이 첫 글자를 참고하여 □에 알맞은 말을 넣어 낱말 풀이를 완성해 보세요.

❶ **떨어지다** : 위에서 [아] □로 내려지다.

❷ **조심하다** : 잘못이나 [실] □가 없도록 말이나 [행] □에 마음을 쓰다.

❸ **교실** : 유치원, [초] □□□, 중·고등학교에서 [학] □ 활동이 이루어지는 방.

❹ **식판** : 밥, 국, 서너 가지의 [반] □을 담을 수 있도록 [오] □하게 칸을 나누어 만든 식기.

❺ **씹다** : 사람이나 동물이 [음] □ 등을 입에 넣고 윗니와 [아] □□를 움직여 잘게 자르거나 부드럽게 갈다.

다음 밑줄 친 낱말의 뜻이 다른 셋과 같지 <u>않은</u> 것은 어느 것인지 번호를 고르세요.

 ❶ 집에 가다가 땅바닥에 **떨어진** 동전을 주웠어.

 ❷ 하늘이 어두워지더니 빗방울이 **떨어지기** 시작했어.

 ❸ 탁자에 있던 꽃병이 **떨어져** 깨졌어.

 ❹ 아깝게 한 표 차이로 반장 선거에서 **떨어졌어.**

 **연상되는 낱말 찾기**

다음은 세 낱말을 보고 공통으로 연상되는 낱말을 찾는 문제입니다. 세 낱말과 관련 있는 낱말을 써 보세요.

개	코	맡다	→	
껌	어금니	잘근잘근	→	
식판	점심	당번	→	

 **짧은 글짓기**

주어진 낱말을 이용하여 보기 와 같은 형식으로 짧은 글을 지어 보세요.

보기	누가 + 언제 + 무엇을 + 어떻게 했다

급식	
쳐다보다	
조심하다	

낱말 쌈 싸 먹기

알쏭달쏭 헷갈리는 맞춤법, 띄어쓰기, 관용어, 한자어가 이제 한입에 쏙!
하루에 한 쪽씩 맛있게 냠냠 해치우자!

맞춤법 다음 문장에서 ( ) 안의 낱말 중 맞춤법이 맞는 낱말에 ○표 하세요.

(스케치북, 스캐치북)에 물감으로 그림을 그렸다.

띄어쓰기 주어진 두 문장 중 하나에는 띄어쓰기가 틀린 부분이 있습니다. 둘 중 바르게 띄어쓰기를 한 문장을 찾아서 ○표 하세요.

㉮ 고양이가 새끼를 **다섯 마리**나 낳았습니다.

㉯ 고양이가 새끼를 **다섯마리**나 낳았습니다.

도움말 '마리'는 수량을 세는 단위입니다.

관용어 □ 안에 낱말을 넣어서 그림 속 상황과 어울리는 속담이나 격언 등을 만들어 보세요.

이거 아까 풀었던 거랑 같은 건데 모르겠어? 잘 봐!

어, 정말 그러네. 난 왜 몇 번을 봐도 모르겠지?

낫 놓고 □□□도 모른다

한자어 글의 의미에 맞게 □ 안에 들어갈 알맞은 한자어를 **보기**에서 찾아 써 보세요.

안네 프랑크는 □□에 숨어 살면서, 자신이 본 것과 느낀 것들에 대해 □□(을)를 썼다.

보기 ・國家 ・地下 ・日記 ・新聞

가로·세로 낱말 만들기

22

 주어진 글자를 연결하여 **21** 회에 공부한 낱말을 만들어 보세요.

			다			
			급			
		조				
		교				

다	심	비	실	판
식	교	조	씹	급

★ 도전 시간 │ **1분**

★ 만들 낱말 수 │ **5개**

★ 만든 낱말 수 │ **개**

낱말은 쏙쏙! 생각은 쑥쑥!

그림으로 낱말 찾기

지시선이 가리키는 그림을 보고 사물의 이름이나 행동, 상태 등에 해당하는 낱말을 보기 에서 찾아 ☐ 안에 쓰세요.

❶ 움직씨

❷ 이름씨

❸ 움직씨

❹ 이름씨

❺ 이름씨

보기　· 행사　· 성묘　· 싣다　· 붐비다　· 열매　· 씨앗　· 도로　· 아쉽다

낱말 뜻 알기

☐ 안에는 어떤 낱말의 첫 글자가 쓰여 있습니다. 이 첫 글자를 참고하여 ☐에 알맞은 말을 넣어 낱말 풀이를 완성해 보세요.

❶ **씨앗** : 과 ☐ 이나 채 ☐ 등의 씨.

❷ **아쉽다** : 미련이 남아 안타깝고 서 ☐ 하다.

❸ **붐비다** : 좁 ☐ 공간에 많 ☐ 사람이나 자동차 따위가 들끓다.

❹ **성묘** : 조상의 산 ☐ 를 찾아가서 돌봄. 주로 설, 추 ☐ , 한식에 함.

❺ **싣다** : 물 ☐ 를 운반하기 위하여 차, 배, 수 ☐ , 비행기, 짐승의 등 따위에 올리다.

 **낱말 친구 사총사**

다음 밑줄 친 낱말의 뜻이 다른 셋과 같지 <u>않은</u> 것은 어느 것인지 번호를 고르세요.

①  무거운 짐을 **싣고** 가는 손수레를 뒤에서 밀어 주었어.

②  내가 쓴 동시가 학교 신문에 **실렸어**.

③  이삿짐을 트럭으로 **실어** 날랐어.

④  옛날에는 소나 말이 짐을 **싣고** 다녔대.

 **연상되는 낱말 찾기**

다음은 세 낱말을 보고 공통으로 연상되는 낱말을 찾는 문제입니다. 세 낱말과 관련 있는 낱말을 써 보세요.

가을	결실	맺다	→	
길	자동차	아스팔트	→	
추석	산소	절	→	

 **짧은 글짓기**

주어진 낱말을 이용하여 보기 와 같은 형식으로 짧은 글을 지어 보세요.

보기 누가 + 어디서 + 무엇을 + 어떻게 했다

씨앗	
행사	
아쉽다	

낱말 쌈 싸 먹기

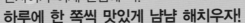 알쏭달쏭 헷갈리는 맞춤법, 띄어쓰기, 관용어, 한자어가 이제 한입에 쏙!
하루에 한 쪽씩 맛있게 냠냠 해치우자!

맞춤법 다음 문장에서 맞춤법이 <u>틀린</u> 낱말을 찾아 바르게 고쳐 써 보세요.

> 나는 짜장면 곱빼기와 탕수육을 시켰다.　　　(　　　　　) → (　　　　　)

띄어쓰기 주어진 두 문장 중 하나에는 띄어쓰기가 틀린 부분이 있습니다. 둘 중 바르게 띄어쓰기를 한 문장을 찾아서 ○표 하세요.

㉮ **단풍잎**이 곱게 물들어 있었습니다.　　　　㉯ **단풍 잎**이 곱게 물들어 있었습니다.

도움말 '가을에 붉은빛이나 누런 빛으로 단풍이 든 잎'을 뜻하는 한 낱말입니다.

관용어 □ 안에 낱말을 넣어서 그림 속 상황과 어울리는 속담이나 격언 등을 만들어 보세요.

으하하! 난 1분에 문자 100자 찍는다.

난 애국가 4절까지 다 찍어.

뛰는 놈 위에
□□□ 있다

한자어 글의 의미에 맞게 □ 안에 들어갈 알맞은 사자성어를 **보기** 에서 찾아 써 보세요.

어머니께서는 형이 무사히 돌아오기만을 □□□□ 하셨다.

보기 ・ 일심동체(一心同體) 　　・ 학수고대(鶴首苦待) 　　・ 기고만장(氣高萬丈)

가로·세로 낱말 만들기

 주어진 글자를 연결하여 **22** 회에 공부한 낱말을 만들어 보세요.

	성		사	도			
	씨						

앗	도	행	묘	매
성	사	열	로	씨

★ 도전 시간 | **1분**

★ 만들 낱말 수 | **5개**

★ 만든 낱말 수 | **개**

낱말은 쏙쏙! 생각은 쑥쑥!

그림으로 낱말 찾기

지시선이 가리키는 그림을 보고 사물의 이름이나 행동, 상태 등에 해당하는 낱말을 보기에서 찾아 □ 안에 쓰세요.

❶ 이름씨

❷ 움직씨

❸ 이름씨

❹ 이름씨

❺ 움직씨

> **보기** · 주인공   · 밑그림   · 색칠하다   · 물감   · 움직이다   · 배경   · 맞추다   · 동여매다

낱말 뜻 알기

□ 안에는 어떤 낱말의 첫 글자가 쓰여 있습니다. 이 첫 글자를 참고하여 □에 알맞은 말을 넣어 낱말 풀이를 완성해 보세요.

❶ **배경** : 뒤쪽의 경□.

❷ **색칠하다** : 색□이 나게 칠을 하다.

❸ **밑그림** : 색을 칠하거나 자세히 그리기 전에 대□ 그린 그림.

❹ **주인공** : 연극, 영화, 소설 등에서 사□의 중심이 되는 인□.

❺ **동여매다** : 끈이나 새끼, 실 등으로 두□□나 감□나 하여 묶다.

 **낱말 친구 사총사**

다음 밑줄 친 낱말의 뜻이 다른 셋과 같지 <u>않은</u> 것은 어느 것인지 번호를 고르세요.

 ❶ 내 취미는 그림 퍼즐을 **맞추는** 거야.

 ❷ 깨진 조각들을 잘 **맞추어서** 접착제로 감쪽같이 붙였어.

 ❸ 내 기분 **맞추려고** 억지로 노력할 필요 없어.

 ❹ 발굴된 뼈들을 **맞추어** 보면 공룡의 모습을 알 수 있어.

 **연상되는 낱말 찾기**

다음은 세 낱말을 보고 공통으로 연상되는 낱말을 찾는 문제입니다. 세 낱말과 관련 있는 낱말을 써 보세요.

미술 시간	수채화	팔레트	→	
이야기	주연 배우	중심인물	→	
끈	꽁꽁	묶다	→	

 **짧은 글짓기**

주어진 낱말을 이용하여 보기 와 같은 형식으로 짧은 글을 지어 보세요.

> **보기**   누가 + 무엇을 + 어떻게 했다

움직이다	
밑그림	
주인공	

낱말 쌈 싸 먹기

알쏭달쏭 헷갈리는 맞춤법, 띄어쓰기, 관용어, 한자어가 이제 한입에 쏙!
하루에 한 쪽씩 맛있게 냠냠 해치우자!

맞춤법 다음 문장에서 ( ) 안의 낱말 중 맞춤법이 맞는 낱말에 ○표 하세요.

> 아주 먼 (옌날, 옛날) 호랑이 담배 피우던 시절 이야기이다.

띄어쓰기 주어진 두 문장 중 하나에는 띄어쓰기가 틀린 부분이 있습니다. 둘 중 바르게 띄어쓰기를 한 문장을 찾아서 ○표 하세요.

가 그 모임에 **몇 사람**이 나왔는지 아세요?

나 그 모임에 **몇사람**이 나왔는지 아세요?

도움말 '몇'은 뒷말을 꾸며 주는 낱말입니다.

관용어 □ 안에 낱말을 넣어서 그림 속 상황과 어울리는 속담이나 격언 등을 만들어 보세요.

두 손 두 발 다 □□

한자어 글의 의미에 맞게 □ 안에 들어갈 알맞은 한자어를 **보기**에서 찾아 써 보세요.

진정한 □□ 정치란, □□의 의견이라도 무시해서는 안 된다.

보기 · 民主   · 主人   · 少數   · 算數

 공부를 시작하기 전에 가볍게 머리를 풀어 보아요!

가로·세로 낱말 만들기

주어진 글자를 연결하여 23 회에 공부한 낱말을 만들어 보세요.

			그				
			물				
					공		
					경		

인	경	밑	물	림
그	공	배	주	감

★ 도전 시간 | **1분**

★ 만들 낱말 수 | **4개**

★ 만든 낱말 수 | 개

낱말은 쏙쏙! 생각은 쑥쑥!

낱말 영역 |

걸린 시간 |　　분　　초

 **그림으로 낱말 찾기**

지시선이 가리키는 그림을 보고 사물의 이름이나 행동, 상태 등에 해당하는 낱말을
보기 에서 찾아 ☐ 안에 쓰세요.

❶ 어찌씨

❷ 그림씨

❸ 이름씨

❹ 움직씨

❺ 움직씨

보기 · 소복하다　· 보답　· 매달리다　· 송골송골　· 캐다　· 돌부리　· 둥지　· 나그네

 **낱말 뜻 알기**

☐ 안에는 어떤 낱말의 첫 글자가 쓰여 있습니다. 이 첫 글자를 참고하여 ☐에 알
맞은 말을 넣어 낱말 풀이를 완성해 보세요.

❶ 보답 : 남의 호의나 [은][ ] 를 갚음.

❷ 둥지 : 새가 [ ] 을 낳거나 깃들이는 곳.

❸ 소복하다 : [쌓][ ] 거나 담긴 물건이 [볼][ ] 하게 많다.

❹ 캐다 : [땅][ ] 에 묻힌 광물이나 [식][ ] 등의 자연 생산물을 파서 꺼내다.

❺ 송골송골 : 땀이나 [소][ ], 물방울 등이 [살][ ] 이나 표면에 잘게 많이 돋아나 있는 모양.

낱말 친구 사총사

다음 밑줄 친 낱말의 뜻이 다른 셋과 같지 <u>않은</u> 것은 어느 것인지 번호를 고르세요.

① 누가 오랫동안 철봉에 **매달리는지** 내기하자.

② 내 동생은 아빠 목에 **매달려** 있는 걸 무척 좋아해.

③ 나뭇가지에 **매달려** 있다가 떨어져서 발목을 삐었어.

④ 우리 엄마는 집안일에만 **매달리는** 게 싫다고 공부하러 다니셔.

연상되는 낱말 찾기

다음은 세 낱말을 보고 공통으로 연상되는 낱말을 찾는 문제입니다. 세 낱말과 관련 있는 낱말을 써 보세요.

새	알	보금자리	⟶	
호미	땅속	감자	⟶	
돌멩이	뾰족하다	걸려 넘어지다	⟶	

짧은 글짓기

주어진 낱말을 이용하여 보기 와 같은 형식으로 짧은 글을 지어 보세요.

보기   누가 + 언제 + 무엇을 + 어떻게 했다

송골송골	
보답	
나그네	

낱말 쌈 싸 먹기

알쏭달쏭 헷갈리는 맞춤법, 띄어쓰기, 관용어, 한자어가 이제 한입에 쏙! **하루에 한 쪽씩 맛있게 냠냠 해치우자!**

맞춤법 다음 문장에서 맞춤법이 <u>틀린</u> 낱말을 찾아 바르게 고쳐 써 보세요.

수첩에 친구 집 전하번호를 적었다.　　　(　　　　　) → (　　　　　)

띄어쓰기 주어진 두 문장 중 하나에는 띄어쓰기가 틀린 부분이 있습니다. 둘 중 바르게 띄어쓰기를 한 문장을 찾아서 ○표 하세요.

㉮ 산을 **내려 오는** 것이 더 힘들었습니다.　　　㉯ 산을 **내려오는** 것이 더 힘들었습니다.

도움말 '높은 곳에서 낮은 곳으로 가다.' 라는 뜻을 가진 한 낱말입니다.

관용어 □ 안에 낱말을 넣어서 그림 속 상황과 어울리는 속담이나 격언 등을 만들어 보세요.

내일 경기할 팀이 우승 후보라는데, 우린 보나마나 질 게 뻔해.

무슨 소리야, 이길 방법이 있을 거야.

□□이 무너져도 솟아날 □□이 있다

한자어 글의 의미에 맞게 □ 안에 들어갈 알맞은 사자성어를 **보기** 에서 찾아 써 보세요.

동물들의 세계는 철저한 □□□□의 세계로, 강한 자만이 살아남을 수 있다.

보기 · 약육강식(弱肉强食)　　· 동고동락(同苦同樂)　　· 장유유서(長幼有序)

가로·세로 낱말 만들기

25

 주어진 글자를 연결하여 24 회에 공부한 낱말을 만들어 보세요.

					보		
					리		
				지			
				네			

네	지	리	그	보
돌	나	등	답	부

★ 도전 시간	**1분**
★ 만들 낱말 수	**4개**
★ 만든 낱말 수	개

낱말은 쏙쏙! 생각은 쑥쑥!

낱말 영역 |

걸린 시간 | 분 초

 **그림으로 낱말 찾기**

지시선이 가리키는 그림을 보고 사물의 이름이나 행동, 상태 등에 해당하는 낱말을 보기 에서 찾아 □ 안에 쓰세요.

❶ 이름씨

❷ 이름씨

❸ 움직씨

❹ 움직씨

❺ 움직씨

❻ 움직씨

보기 ・계획표 ・정류장 ・타다 ・시계 ・남다 ・방법 ・떠나다 ・도착하다

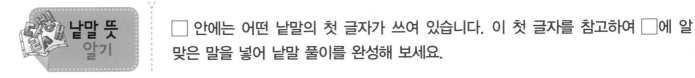 **낱말 뜻 알기**

□ 안에는 어떤 낱말의 첫 글자가 쓰여 있습니다. 이 첫 글자를 참고하여 □에 알맞은 말을 넣어 낱말 풀이를 완성해 보세요.

❶ **떠나다** : 있던 곳에서 다□ 곳으로 옮기다.

❷ **계획표** : 앞으로 할 일의 절차나 방□ 등을 미□ 헤아려 적은 표.

❸ **시계** : 시□ 을 재거나 시각을 나타내는 기□ 나 장치를 통틀어 이르는 말.

❹ **방법** : 어떤 일을 해 나가거나 목□ 을 이루기 위하여 취하는 수□ 이나 방식.

❺ **정류장** : 버□ 나 택시 등이 사람을 태□ 거나 내려 주기 위하여 머무르는 일정한 장소.

낱말 친구 사총사

다음 밑줄 친 낱말의 뜻이 다른 셋과 같지 <u>않은</u> 것은 어느 것인지 번호를 고르세요.

①

나는 얼마 전에 제주도 갈 때 비행기를 처음으로 **타** 봤어.

②

여름 방학 내내 바깥에서 놀았더니 얼굴이 **탔어**.

③

앞으로는 환경을 위해 자전거를 많이 **타야** 해.

④

학교에 말을 **타고** 다니면 정말 신 날 거야.

연상되는 낱말 찾기

다음은 세 낱말을 보고 공통으로 연상되는 낱말을 찾는 문제입니다. 세 낱말과 관련 있는 낱말을 써 보세요.

시간	똑딱똑딱	바늘	⟶	
방학	짜다	하루 일과	⟶	
목적지	제시간	다다르다	⟶	

짧은 글짓기

주어진 낱말을 이용하여 보기 와 같은 형식으로 짧은 글을 지어 보세요.

보기 누가 + 왜 + 무엇을 + 어떻게 했다

남다	
정류장	
방법	

낱말 쌈 싸 먹기

알쏭달쏭 헷갈리는 맞춤법, 띄어쓰기, 관용어, 한자어가 이제 한입에 쏙!
하루에 한 쪽씩 맛있게 냠냠 해치우자!

맞춤법 다음 문장에서 ( ) 안의 낱말 중 맞춤법이 맞는 낱말에 ○표 하세요.

중요한 약속을 깜빡 (잃어버렸다, 잊어버렸다).

띄어쓰기 주어진 두 문장 중 하나에는 띄어쓰기가 틀린 부분이 있습니다. 둘 중 바르게 띄어쓰기를 한 문장을 찾아서 ○표 하세요.

㉮ **생긋 생긋** 웃는 모습이 참 귀엽구나!

㉯ **생긋생긋** 웃는 모습이 참 귀엽구나!

도움말 모양이나 소리를 흉내 내는 낱말은 붙여 씁니다.

관용어 □ 안에 낱말을 넣어서 그림 속 상황과 어울리는 속담이나 격언 등을 만들어 보세요.

또 다쳤니?
벌써 몇 번째냐?

헤헤,

하루에도 □□□

한자어 글의 의미에 맞게 □ 안에 들어갈 알맞은 한자어를 **보기** 에서 찾아 써 보세요.

□□은 바다를 지키는 군인이고, □□은 하늘을 지키는 군인이다.

보기 ・海軍   ・海洋   ・空軍   ・空中

가로·세로 낱말 만들기

26

 주어진 글자를 연결하여 **25**회에 공부한 낱말을 만들어 보세요.

						방	
				표		도	
				정			

방	착	장	도	표
획	류	계	정	법

★ 도전 시간	1분
★ 만들 낱말 수	**4개**
★ 만든 낱말 수	개

낱말 영역 |

걸린 시간 | 분 초

 **그림으로 낱말 찾기**

지시선이 가리키는 그림을 보고 사물의 이름이나 행동, 상태 등에 해당하는 낱말을 보기 에서 찾아 □ 안에 쓰세요.

① 이름씨

② 움직씨

③ 어찌씨

④ 움직씨

⑤ 이름씨

보기 · 나란히   · 헤매다   · 속삭이다   · 낙서   · 찡그리다   · 도서실   · 열다   · 책상

낱말 뜻 알기

□ 안에는 어떤 낱말의 첫 글자가 쓰여 있습니다. 이 첫 글자를 참고하여 □에 알맞은 말을 넣어 낱말 풀이를 완성해 보세요.

① **열다** : 닫히거나 잔□ 것을 트거나 벗기다.

② **헤매다** : 갈 바를 몰라 이□□□ 돌아다니다.

③ **낙서** : 글□, 그림 등을 장□으로 아무 데나 함부로 씀. 또는 그 글자나 그림.

④ **책상** : 앉아서 □을 읽거나 □을 쓰거나 사무를 보거나 할 때에 앞에 놓고 쓰는 상.

⑤ **속삭이다** : 남이 알□□□ 못하도록 나지막한 목□□로 가만가만 이야기하다.

낱말 친구 사총사

다음 밑줄 친 낱말의 뜻이 다른 셋과 같지 <u>않은</u> 것은 어느 것인지 번호를 <u>고르세요.</u>

①
공기가 탁하니 창문을 **여는** 게 좋겠어.

②
고무장갑을 끼면 꽉 닫힌 병뚜껑을 쉽게 **열** 수 있어.

③
우리 집은 사람들이 많이 놀러 와서 아예 문을 **열어** 놓고 있어.

④
우리 가족은 일주일에 한 번 가족회의를 **열어**.

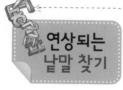

연상되는 낱말 찾기

다음은 세 낱말을 보고 공통으로 연상되는 낱말을 찾는 문제입니다. 세 낱말과 관련 있는 낱말을 써 보세요.

독서	책	빌리다	→	
벽	장난	금지	→	
줄	가지런하다	신발	→	

짧은 글짓기

주어진 낱말을 이용하여 **보기** 와 같은 형식으로 짧은 글을 지어 보세요.

보기 누가 + 언제 + 무엇을 + 어떻게 했다

책상	
헤매다	
찡그리다	

낱말 쌈 싸 먹기

알쏭달쏭 헷갈리는 맞춤법, 띄어쓰기, 관용어, 한자어가 이제 한입에 쏙!
하루에 한 쪽씩 맛있게 냠냠 해치우자!

맞춤법 다음 문장에서 맞춤법이 <u>틀린</u> 낱말을 찾아 바르게 고쳐 써 보세요.

> 원두막에서 노르스름하게 잘 익은 참뫼를 먹었다.   (   ) → (   )

띄어쓰기 주어진 두 문장 중 하나에는 띄어쓰기가 틀린 부분이 있습니다. 둘 중 바르게 띄어쓰기를 한 문장을 찾아서 ○표 하세요.

㉮ 아주 예쁜 구두를 **한켤레** 사고 싶어요.   　　㉯ 아주 예쁜 구두를 **한 켤레** 사고 싶어요.

도움말 '켤레'는 수량을 세는 단위입니다.

관용어 □ 안에 낱말을 넣어서 그림 속 상황과 어울리는 속담이나 격언 등을 만들어 보세요.

> 허허, 그렇게까지 안 숙여도 된단다.
>
> 안녕하세요!

□가 □에 닿다

한자어 글의 의미에 맞게 □ 안에 들어갈 알맞은 사자성어를 보기 에서 찾아 써 보세요.

> 이번 선거는 그 어느 때보다 □□□□ 하게 치러져야 국민의 신뢰를 얻을 수 있을 것이다.

보기 · 백발백중(百發百中)　　· 자업자득(自業自得)　　· 공명정대(公明正大)

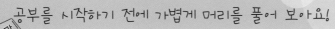

가로·세로 낱말 만들기

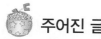 주어진 글자를 연결하여 26 회에 공부한 낱말을 만들어 보세요.

			도		실	책	
			란				

나	책	낙	실	글
히	서	란	상	도

★ 도전 시간	**1분**
★ 만들 낱말 수	**4개**
★ 만든 낱말 수	개

낱말은 쏙쏙! 생각은 쑥쑥!

그림으로 낱말 찾기

지시선이 가리키는 그림을 보고 사물의 이름이나 행동, 상태 등에 해당하는 낱말을 보기 에서 찾아 □ 안에 쓰세요.

❶ 움직씨

❷ 움직씨

❸ 이름씨

❹ 이름씨

❺ 이름씨

보기 · 겨울잠　· 긋다　· 난로　· 무리　· 보호　· 박다　· 꾸미다　· 주의하다

낱말 뜻 알기

□ 안에는 어떤 낱말의 첫 글자가 쓰여 있습니다. 이 첫 글자를 참고하여 □에 알맞은 말을 넣어 낱말 풀이를 완성해 보세요.

❶ **주의하다** : 마음에 새겨 두고 조□ 하다.

❷ **박다** : 두□□ 치거나 밀어서 꽂히게 하다.

❸ **보호** : 위□ 이나 곤란 등이 미치지 않도록 잘 보살피고 돌□ .

❹ **긋다** : 어떤 일정한 부분을 강□ 하거나 나타내기 위하여 금이나 줄을 그리다.

❺ **겨울잠** : 겨□ 이 되면 동물이 활동을 중단하고 땅□ 등에서 겨울을 보내는 일.

낱말 친구 사총사

다음 밑줄 친 낱말의 뜻이 다른 셋과 같지 <u>않은</u> 것은 어느 것인지 번호를 고르세요.

①  이모가 화려하게 **꾸미고** 남자 친구를 만나러 갔어.

②  우리 엄마는 집 안을 예쁘게 **꾸미는** 걸 좋아하셔.

③  미술 시간에 상자를 만들어서 색종이로 **꾸몄어.**

④  **꾸며** 낸 얘기에 깜박 속아 넘어갔어.

연상되는 낱말 찾기

다음은 세 낱말을 보고 공통으로 연상되는 낱말을 찾는 문제입니다. 세 낱말과 관련 있는 낱말을 써 보세요.

겨울	난방	전기-	→	
못	망치	두들기다	→	
여럿	동아리	떼	→	

짧은 글짓기

주어진 낱말을 이용하여 **보기** 와 같은 형식으로 짧은 글을 지어 보세요.

보기   누가 + 어디서 + 무엇을 + 어떻게 했다

겨울잠	
주의하다	
보호	

낱말 쌈 싸 먹기

알쏭달쏭 헷갈리는 맞춤법, 띄어쓰기, 관용어, 한자어가 이제 한입에 쏙!
하루에 한 쪽씩 맛있게 냠냠 해치우자!

맞춤법 다음 문장에서 ( ) 안의 낱말 중 맞춤법이 맞는 낱말에 ○표 하세요.

나는 김치(찌게, 찌개)를 가장 좋아한다.

띄어쓰기 주어진 두 문장 중 하나에는 띄어쓰기가 틀린 부분이 있습니다. 둘 중 바르게 띄어쓰기를 한 문장을 찾아서 ○표 하세요.

㉮ **가을 밤**은 왠지 쓸쓸한 느낌이 듭니다.   ㉯ **가을밤**은 왠지 쓸쓸한 느낌이 듭니다.

도움말 '가을철의 밤'을 뜻하는 한 낱말입니다.

관용어 □ 안에 낱말을 넣어서 그림 속 상황과 어울리는 속담이나 격언 등을 만들어 보세요.

쩝, 오랜만에 자장면 먹으려고 했는데……,

금일 휴업

헉!

가는 날이 □□

한자어 글의 의미에 맞게 □ 안에 들어갈 알맞은 한자어를 **보기**에서 찾아 써 보세요.

4교시가 끝나고 점심 □□(이)가 되자, 아이들은 다 같이 □□(을)를 했다.

보기   · 時間   · 時計   · 食後   · 食事

가로·세로 낱말 만들기

28

 주어진 글자를 연결하여 **27** 회에 공부한 낱말을 만들어 보세요.

				난			
				무			
		울	보				

리	겨	보	피	로
잠	난	울	호	무

★ 도전 시간	**1분**
★ 만들 낱말 수	**4개**
★ 만든 낱말 수	개

낱말은 쏙쏙! 생각은 쑥쑥!

그림으로 낱말 찾기

지시선이 가리키는 그림을 보고 사물의 이름이나 행동, 상태 등에 해당하는 낱말을 보기 에서 찾아 □ 안에 쓰세요.

❶ 움직씨

❷ 그림씨

❸ 움직씨

❹ 이름씨

❺ 이름씨

보기 • 춥다   • 당기다   • 낙하산   • 노래   • 바람개비   • 날리다   • 쌩쌩   • 장난감

낱말 뜻 알기

□ 안에는 어떤 낱말의 첫 글자가 쓰여 있습니다. 이 첫 글자를 참고하여 □에 알맞은 말을 넣어 낱말 풀이를 완성해 보세요.

❶ **장난감** : 아이들이 가지고 노[　] 여러 가지 물건.

❷ **날리다** : 어떤 물체가 바[　]에 나부끼어 움직이게 하다.

❸ **춥다** : 기[　]이 낮거나 다른 이유로 몸에 느끼는 기운이 차다.

❹ **쌩쌩** : 바람이 잇따라 세[　][　] 스쳐 지나가는 소리. 또는 그 모양.

❺ **낙하산** : 날[　] 있는 비행기 등에서 사람이나 물건을 안[　]하게 땅 위에 내리도록 하는 데 쓰는 기구.

 **낱말 친구 사총사**

밑줄 친 낱말의 뜻이 다른 셋과 같지 <u>않은</u> 것은 어느 것인지 번호를 고르세요.

①  날씨가 추워져서 소풍 날짜를 일주일 **당겼어**.

②  나는 책상에 앉을 때 의자를 바싹 **당겨** 앉아.

③  동생이랑 밀고 **당기며** 싸웠어.

④  아빠랑 함께 낚싯줄을 **당겨서** 큰 물고기를 낚았어.

 **연상되는 낱말 찾기**

다음은 세 낱말을 보고 공통으로 연상되는 낱말을 찾는 문제입니다. 세 낱말과 관련 있는 낱말을 써 보세요.

가수	부르다	음악	→	
바람	돌다	장난감	→	
한겨울	덜덜	날씨	→	

 **짧은 글짓기**

주어진 낱말을 이용하여 보기 와 같은 형식으로 짧은 글을 지어 보세요.

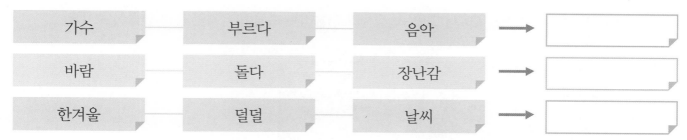

보기 　누가 + 왜 + 무엇을 + 어떻게 했다

장난감	
날리다	
노래	

낱말 쌈 싸 먹기

알쏭달쏭 헛갈리는 맞춤법, 띄어쓰기, 관용어,
한자어가 이제 한입에 쏙!
하루에 한 쪽씩 맛있게 냠냠 해치우자!

맞춤법 다음 문장에서 맞춤법이 <u>틀린</u> 낱말을 찾아 바르게 고쳐 써 보세요.

영미는 아프다는 핑게로 숙제를 하지 않았다.　　　(　　　　　) → (　　　　　)

띄어쓰기 주어진 두 문장 중 하나에는 띄어쓰기가 틀린 부분이 있습니다. 둘 중 바르게 띄어쓰기를 한 문장을 찾아서 ○표 하세요.

㉮ 길에서 우연히 **옛친구**를 만났습니다.　　　㉯ 길에서 우연히 **옛 친구**를 만났습니다.

도움말 '옛'은 친구를 꾸며 주는 낱말입니다.

관용어 □ 안에 낱말을 넣어서 그림 속 상황과 어울리는 속담이나 격언 등을 만들어 보세요.

넌 포위되었다!

윽, 도망갈 수가 없네.

□ 안에 든 □

한자어 글의 의미에 맞게 □ 안에 들어갈 알맞은 사자성어를 **보기**에서 찾아 써 보세요.

네 덕분에 영화도 보고 숙제도 했으니, 이거야말로 □□□□(이)로구나.

보기 · 일석이조(一石二鳥)　　　· 진퇴양난(進退兩難)　　　· 사면초가(四面楚歌)

가로·세로 낱말 만들기

 주어진 글자를 연결하여 **28** 회에 공부한 낱말을 만들어 보세요.

		노	비	하			

하	바	래	비	산
개	출	낙	노	람

★ 도전 시간 | **1분**

★ 만들 낱말 수 | **3개**

★ 만든 낱말 수 | 개

낱말은 쏙쏙! 생각은 쑥쑥!

낱말 영역 |

걸린 시간 | 분   초

 **그림으로 낱말 찾기**

지시선이 가리키는 그림을 보고 사물의 이름이나 행동, 상태 등에 해당하는 낱말을 보기에서 찾아 □ 안에 쓰세요.

❶ 이름씨

❷ 이름씨

❸ 움직씨

❹ 움직씨

❺ 움직씨

보기 · 겨루다   · 방해   · 항아리   · 김장하다   · 젖다   · 두드리다   · 낭비   · 응석   · 실수

 **낱말 뜻 알기**

□ 안에는 어떤 낱말의 첫 글자가 쓰여 있습니다. 이 첫 글자를 참고하여 □에 알맞은 말을 넣어 낱말 풀이를 완성해 보세요.

❶ **겨루다** : 서로 버티어 │승│ │를 다투다.

❷ **방해** : 남의 일을 │간│ │하고 막아 해를 │끼│ │.

❸ **낭비** : │시│ │이나 재물 등을 헛되이 헤프게 씀.

❹ **김장하다** : 겨우내 먹기 위하여 │김│ │를 한꺼번에 많이 │담│ │ │.

❺ **응석** : 어른에게 │어│ │ │을 부리거나 귀여워해 주는 것을 믿고 │버│ │없이 구는 일.

❻ **실수** : │조│ │하지 않아서 │잘│ │함. 또는 그런 행위.

128 │ 낱말은 쏙쏙! 생각은 쑥쑥!

 **낱말 친구 사총사**

다음 밑줄 친 낱말의 뜻이 다른 셋과 같지 <u>않은</u> 것은 어느 것인지 번호를 고르세요.

①
운동을 했더니 옷이 땀에 **젖었어**.

②
강아지를 잃어버려서 온 가족이 슬픔에 **젖어** 있어.

③
비에 **젖은** 교과서를 엄마가 햇볕에 말려 주셨어.

④
물장난을 하다가 머리까지 다 **젖었어**.

 **연상되는 낱말 찾기**

다음은 세 낱말을 보고 공통으로 연상되는 낱말을 찾는 문제입니다. 세 낱말과 관련 있는 낱말을 써 보세요.

고추장	배불뚝이	질그릇	→	
북	똑똑	치다	→	
겨울	김치	배추	→	

 **짧은 글짓기**

주어진 낱말을 이용하여 **보기** 와 같은 형식으로 짧은 글을 지어 보세요.

보기 　 누가 + 어디서 + 무엇을 + 어떻게 했다

낭비	
겨루다	
응석	

낱말 쌈 싸 먹기

알쏭달쏭 헛갈리는 맞춤법, 띄어쓰기, 관용어,
한자어가 이제 한입에 쏙!
하루에 한 쪽씩 맛있게 냠냠 해치우자!

맞춤법 다음 문장에서 ( ) 안의 낱말 중 맞춤법이 맞는 낱말에 ◯표 하세요.

(풀잎 , 풀입)에 이슬이 방울방울 맺혔다.

띄어쓰기 주어진 두 문장 중 하나에는 띄어쓰기가 틀린 부분이 있습니다. 둘 중 바르게 띄어쓰기를 한 문장을 찾아서 ◯표 하세요.

㉮ 호랑이가 토끼를 **잡아 먹었습니다.**

㉯ 호랑이가 토끼를 **잡아먹었습니다.**

도움말 '동물을 죽여 그 고기를 먹다.'라는 뜻을 가진 한 낱말입니다.

관용어 ☐ 안에 낱말을 넣어서 그림 속 상황과 어울리는 속담이나 격언 등을 만들어 보세요.

> 형, 무서워.

> 목줄이 풀려 있으니 조심해.

☐☐☐을 밟듯이

한자어 글의 의미에 맞게 ☐ 안에 들어갈 알맞은 한자어를 **보기**에서 찾아 써 보세요.

4월 5일은 ☐☐☐이고, ☐☐ 5일은 어린이날이다.

보기 · 植木日 · 三一節 · 五月 · 七月

가로·세로 낱말 만들기

30

 주어진 글자를 연결하여 **29** 회에 공부한 낱말을 만들어 보세요.

		비	방	아			
		석					

비	해	리	갈	석
응	항	낭	방	아

★ 도전 시간	**1분**
★ 만들 낱말 수	**4개**
★ 만든 낱말 수	**개**

낱말은 쏙쏙! 생각은 쑥쑥!

 **그림으로 낱말 찾기**

지시선이 가리키는 그림을 보고 사물의 이름이나 행동, 상태 등에 해당하는 낱말을 보기 에서 찾아 □ 안에 쓰세요.

① 이름씨

② 이름씨

③ 움직씨

④ 움직씨

⑤ 이름씨

보기　• 분류　　• 연기　　• 태극기　　• 가꾸다　　• 무궁화　　• 마시다　　• 태우다　　• 내리다

낱말 뜻 알기

□ 안에는 어떤 낱말의 첫 글자가 쓰여 있습니다. 이 첫 글자를 참고하여 □에 알맞은 말을 넣어 낱말 풀이를 완성해 보세요.

① **분류** : 종□ 에 따라서 가름.

② **태우다** : 불□ 나 높은 열로 불을 붙여 타□ 하다.

③ **마시다** : 물이나 술 등의 액□ 를 목□ 으로 넘기다.

④ **연기** : 무엇이 불에 탈 때에 생겨나는 흐릿한 기□ 나 기운.

⑤ **태극기** : 우리나라 국□ . 흰 바탕 한가운데 태□ 이 있고, 네 귀에 검은색으로 건괘, 곤괘, 감괘, 이괘가 그려져 있음.

낱말 친구 사총사

다음 밑줄 친 낱말의 뜻이 다른 셋과 같지 <u>않은</u> 것은 어느 것인지 번호를 고르세요.

❶ 멀미가 나서 버스에서 중간에 **내려** 버렸어.

❷ 엄마가 택시에 지갑을 두고 **내렸어.**

❸ 전철에서 **내릴** 때엔 틈에 발이 빠지지 않도록 조심해야 해.

❹ 찬장에서 그릇을 **내리다가** 깨뜨렸어.

연상되는 낱말 찾기

다음은 세 낱말을 보고 공통으로 연상되는 낱말을 찾는 문제입니다. 세 낱말과 관련 있는 낱말을 써 보세요.

나라꽃	피다	삼천리강산	→
목마름	꿀꺽꿀꺽	물	→
꽃밭	정성	보살피다	→

짧은 글짓기

주어진 낱말을 이용하여 보기 와 같은 형식으로 짧은 글을 지어 보세요.

> 보기   누가 + 무엇을 + 어떻게 했다

분류	
태우다	
가꾸다	

낱말 쌈 싸 먹기

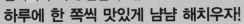

알쏭달쏭 헷갈리는 맞춤법, 띄어쓰기, 관용어, 한자어가 이제 한입에 쏙!
하루에 한 쪽씩 맛있게 냠냠 해치우자!

맞춤법 다음 문장에서 맞춤법이 <u>틀린</u> 낱말을 찾아 바르게 고쳐 써 보세요.

| 새해 첫날 해도지를 보러 갔다. | (   ) → (   ) |

띄어쓰기 주어진 두 문장 중 하나에는 띄어쓰기가 틀린 부분이 있습니다. 둘 중 바르게 띄어쓰기를 한 문장을 찾아서 ○표 하세요.

㉮ 형은 **이리 저리** 핑계를 대기만 했습니다.

㉯ 형은 **이리저리** 핑계를 대기만 했습니다.

도움말 말이나 행동을 되는 대로 하는 모양을 나타내는 낱말입니다.

관용어 □ 안에 낱말을 넣어서 그림 속 상황과 어울리는 속담이나 격언 등을 만들어 보세요.

> 왜 저게 더 많아요?
>
> 똑같거든!

남의 □에 든 □이
굵어 보인다

한자어 글의 의미에 맞게 □ 안에 들어갈 알맞은 사자성어를 **보기** 에서 찾아 써 보세요.

가을은 □□□□의 계절이라더니, 정말 하늘이 많이 높아진 것 같다.

보기 · 마이동풍(馬耳東風)   · 천고마비(天高馬肥)   · 주마간산(走馬看山)

한글 맞춤법
알아보기

공습국어 초등어휘의 낱말 쌈 싸먹기 꼭지에서는 맞춤법과 띄어쓰기, 그리고 관용어와 관련된 문제를 풀게 됩니다. 그런데 맞춤법이나 띄어쓰기의 경우 미리 약속한 규칙이 있어서 이를 잘 알지 못하면 문제를 풀기 쉽지 않습니다. 따라서 문제를 풀기 전에 맞춤법과 띄어쓰기에 관련하여 약속된 규칙을 꼼꼼히 살펴보는 것이 필요합니다.

한글 맞춤법 알아보기에서는 국립국어원의 한글 맞춤법과 표준어 규정 중에서 낱말 쌈 싸먹기의 맞춤법과 띄어쓰기에 나오는 낱말에 해당하는 규칙들을 살펴 볼 것입니다. 문법 용어나 설명하는 내용이 다소 어렵게 느껴지겠지만 문제를 풀기 위해서 꼭 알아두어야 할 규칙이므로 자주 읽어보면서 머릿속에 기억해 두기 바랍니다.

★ 맞춤법과 띄어쓰기와 관련된 용어 및 설명은 국립국어원 홈페이지(www.korean.go.kr)의 어문 규정을 따랐음을 밝힙니다. 아울러 지면상 본 교재에서 다루지 못한 부분이나 맞춤법과 띄어쓰기에 관련된 좀 더 자세한 정보는 국립국어원 홈페이지를 참고해 주시기 바랍니다.

한글 맞춤법의 기본 원칙

한글 맞춤법 총칙 1장 1항에 보면 '한글 맞춤법은 표준어를 소리대로 적되, 어법에 맞도록 함을 원칙으로 한다.' 라고 되어 있습니다. 우리말은 표음문자, 즉 말소리를 그대로 기호로 나타낸 문자이기 때문에 소리대로 글자를 적지만 모든 낱말을 소리대로 적을 수는 없습니다. 왜냐하면 우리말에는 소리가 비슷한 낱말들이 많이 있고 같은 글자라도 어떤 글자와 결합하느냐에 따라 소리가 달라져서 소리대로 적을 경우 그 뜻을 분간하기 어렵기 때문입니다. 꽃을 예를 들어 설명해 볼까요?

• 꽃이 ➡ 꼬치	• 꽃나무 ➡ 꼰나무	• 꽃밭 ➡ 끋빧

위와 같이 소리대로 적으면 '꽃' 이라고 하는 원래 모양이 사라져 버리고 글자 모양도 매번 달라져서 뜻을 파악하기가 매우 불편해 집니다. 그래서 소리대로 적긴 하지만 원래 모양을 밝혀 적어야 함을 원칙으로 세운 것입니다.

그럼 맞춤법에 맞게 글을 쓰기 위해 알아 두어야 할 몇 가지 규칙을 살펴볼까요?

● 된소리가 나지만 된소리로 적지 않는 경우

된소리는 'ㄲ, ㄸ, ㅃ, ㅆ, ㅉ'으로 발음되는 소리입니다. 다음은 된소리가 나지만 된소리로 적지 않는 경우입니다.

• 국수(○), 국쑤(×)	• 깍두기(○), 깍뚜기(×)	• 갑자기(○), 갑짜기(×)
• 법석(○), 법썩(×)	• 뚝배기(○), 뚝빼기(×)	• 납작하다(○), 납짝하다(×)
• 떡볶이(○), 떡뽁끼(×)	• 몹시(○), 몹씨(×)	• 거꾸로(○), 꺼꾸로(×)
• 고깔(○), 꼬깔(×)	• 눈곱(○), 눈꼽(×)	• 돌부리(○), 돌뿌리(×)

● 예사소리가 아니라 된소리나 거센 소리로 적어야 하는 경우

된소리나 거센 소리로 적어야 하는 낱말 중 예사소리로 적는 것으로 잘못 알고 있는 경우가 있습니다. 다음은 된소리로 적어야 하는 낱말입니다.

• 나무꾼(○), 나뭇군(×)	• 날짜(○), 날자(×)	• 살코기(○), 살고기(×)
• 눈썹(○), 눈섶(×)	• 머리카락(○), 머리가락(×)	• 수탉(○), 수닭(×)
• 팔꿈치(○), 팔굼치(×)		

● 'ㅈ, ㅊ'으로 소리가 나도 'ㄷ, ㅌ'으로 적는 경우

'ㄷ, ㅌ' 받침이 있는 글자 다음에 '이'나 '히'가 와서 'ㅈ, ㅊ'으로 소리가 나더라도 'ㄷ, ㅌ'으로 적습니다.

> • 해돋이(○), 해도지(×)   • 끝이(○), 끄치(×)   • 닫히다(○), 다치다(×)

● 한자어의 첫소리가 'ㄴ, ㄹ'일 때 'ㅇ'으로 적는 경우

한자음 '녀, 뇨, 뉴, 니'가 낱말의 첫머리에 올 적에는, '여, 요, 유, 이'로 적습니다. 또한 한자음 '랴, 려, 례, 료, 류, 리'가 낱말의 첫머리에 올 때에도, '야, 여, 예, 요, 유, 이'로 적습니다.

> • 여자(○), 녀자(×)   • 연세(○), 년세(×)   • 요소(○), 뇨소(×)
>
> • 양심(○), 량심(×)   • 역사(○), 력사(×)   • 예의(○), 례의(×)

● 한자어의 첫소리가 'ㄹ'일 때 'ㄴ'으로 적는 경우

한자음 '라, 래, 로, 뢰, 루, 르'가 단어의 첫머리에 올 적에는, '나, 내, 노, 뇌, 누, 느'로 적습니다.

> • 낙원(○), 락원(×)   • 내일(○), 래일(×)   • 노동(○), 로동(×)

● 받침소리가 원래 글자와 다른 경우

우리말 받침소리는 'ㄱ, ㄴ, ㄷ, ㄹ, ㅁ, ㅂ, ㅇ'의 7개 자음만 발음하지만 받침에는 쌍자음을 비롯하여 모든 자음을 쓸 수 있습니다. 따라서 소리 나는 대로 받침을 적을 경우 틀릴 수 있으니 주의해야 합니다.

> • 곶감(○), 곧깜(×)   • 갓길(○), 갇낄(×)   • 곳간(○), 곧깐(×)
>
> • 깎다(○), 깍따(×)   • 꺾다(○), 꺽따(×)   • 닦다(○), 닥따(×)
>
> • 굶다(○), 굼따(×)   • 넓다(○), 널따(×)   • 무릎(○), 무릅(×)
>
> • 옛날(○), 옌날(×)   • 풀잎(○), 풀입(×)   • 넋두리(○), 넉두리(×)
>
> • 여덟(○), 여덜(×)   • 이튿날(○), 이튼날(×)   • 싫증(○), 실쯩(×)
>
> • 부엌(○), 부억(×)

● 발음이 비슷하여 잘못 쓰기 쉬운 경우 1

모음 'ㅔ'와 'ㅐ', 그리고 'ㅖ'는 소리를 구별하기 어려워 잘못 쓰기 쉽습니다.

- 가게(○), 가개(×)
- 핑계(○), 핑게(×)
- 게양(○), 계양(×)
- 어깨(○), 어께(×)
- 돌멩이(○), 돌맹이(×)
- 메밀국수(○), 매밀국수(×)
- 메뚜기(○), 매뚜기(×)
- 절레절레(○), 절래절래(×)
- 휴게실(○), 휴계실(×)
- 지게(○), 지개(×)
- 수수께끼(○), 수수깨끼(×)
- 찌개(○), 찌게(×)
- 게시판(○), 계시판(×)
- 배게(○), 배개(×)
- 지우개(○), 지우게(×)
- 술래잡기(○), 술레잡기(×)

● 발음이 비슷하여 잘못 쓰기 쉬운 경우 2

모음 'ㅣ'와 'ㅢ'는 소리를 구별하기 어려워 잘못 쓰기 쉽습니다.

- 무늬(○), 무니(×)

● 한 낱말 안에서 같은 음절이나 비슷한 음절이 겹쳐 나는 경우

한글 맞춤법에서는 낱말 안에서 같은 음절이나 비슷한 음절이 겹쳐 나면 같은 글자로 적습니다. 예를 들어 '딱따구리'는 'ㄸ' 음이 한 낱말에서 겹쳐나기 때문에 '딱다구리' 라고 쓰지 않습니다.

- 짭짤하다(○), 짭잘하다(×)
- 똑딱똑딱(○), 똑닥똑닥(×)
- 씁쓸하다(○), 씁슬하다(×)
- 꼿꼿하다(○), 꼿곳하다(×)
- 씩씩하다(○), 씩식하다(×)
- 밋밋하다(○), 민밋하다(×)

● '-장이'로 쓰는 경우와 '-쟁이'로 쓰는 경우

기술자를 뜻할 때는 '-장이'로, 그 외에는 '-쟁이'로 써야 합니다.

- 멋쟁이(○), 멋장이(×)
- 미장이(○), 미쟁이(×)
- 개구쟁이(○), 개구장이(×)
- 대장장이(○), 대장쟁이(×)
- 난쟁이(○), 난장이(×)
- 겁쟁이(○), 겁장이(×)

● 의성어와 의태어에서 모음조화 현상을 따르지 않는 경우

모음을 구분할 때 'ㅏ, ㅗ' 따위를 양성 모음이라고 하고, 'ㅓ, ㅜ' 따위를 음성 모음이라고 합니다. 모음조화란 양성 모음은 양성 모음끼리, 음성 모음은 음성 모음끼리 어울리는 현상을 말합니다. '얼룩덜룩', '알록달록'과 같이 소리나 모양을 흉내 낸 의성어와 의태어의 경우는 모음조화의 원칙에 따라 낱말을 적습니다. 하지만 모음조화 현상을 따르지 않는 예외도 있습니다. 이 예외적인 경우 이외에는 모음조화 현상에 따라 의성어와 의태어를 써야 합니다.

> • 오순도순(○), 오손도손(×)　　　• 깡충깡충(○), 깡총깡총(×)　　　• 소꿉장난(○), 소꼽장난(×)

● 발음에 변화가 일어나 새롭게 정한 표준어

원래는 둘 다 표준어였지만 자음이나 모음의 발음에 변화가 일어나 하나만 둘 중 하나만 표준어가 된 경우가 있습니다. 표준어와 비표준어를 혼동하지 않도록 주의 합니다.

> • 강낭콩(○), 강남콩(×)　　　　• 며칠(○), 몇일(×)　　　　　• 맞추다(○), 마추다(×)
>
> • 부딪치다(○), 부딪히다(×)　　• 상추(○), 상치(×)　　　　　• 설거지(○), 설겆이(×)
>
> • 빈털터리(○), 빈털털이(×)　　• 삐치다(○), 삐지다(×)　　　• 삼수갑산(○), 산수갑산(×)
>
> • 숟가락(○), 숫가락(×)　　　　• 사글세(○), 삯월세(×)　　　• 수퇘지(○), 숫돼지(×)
>
> • 짜깁기(○), 짜집기(×)　　　　• 자장면(○), 짜장면(×)　　　• 우레(○), 우뢰(×)
>
> • 무(○), 무우(×)　　　　　　　• 김치 소(○), 김치 속(×)　　• 멀리뛰기(○), 넓이뛰기(×)
>
> • 내로라하다(○), 내노라하다(×)　• 뒤꼍(○), 뒤켠(×)　　　　　• 밭다리(○), 밧다리(×)
>
> • 서슴지(○), 서슴치(×)　　　　• 넉넉지(○), 넉넉치(×)　　　• 수평아리(○), 숫평아리(×)
>
> • 셋째(○), 세째(×)　　　　　　• 수탉(○), 숫닭(×)　　　　　• 암캐(○), 암개(×)
>
> • 없음(○), 없슴(×)　　　　　　• 엊그저께(○), 엇그저께(×)　• 어쨌든(○), 여쨌든(×)
>
> • 할게(○), 할께(×)　　　　　　• 해님(○), 햇님(×)　　　　　• 예쁘다(○), 이쁘다(×)
>
> • 구절(○), 귀절(×)　　　　　　• 끼어들다(○), 끼여들다(×)　• 할인(○), 활인(×)
>
> • 미숫가루(○), 미싯가루(×)　　• 트림(○), 트름(×)　　　　　• 장구(○), 장고(×)
>
> • 홀아비(○), 홀애비(×)　　　　• 쌍둥이(○), 쌍동이(×)

● **뜻을 구별하여 사용해야 하는 낱말**

우리말에는 뜻은 다른데 글자나 발음이 비슷한 낱말이나 둘 이상의 낱말이 비슷한 뜻을 가져서 어떤 낱말을 사용해야 할지 애매한 경우가 많이 있습니다.

- 걸음 : '걷다'의 명사형 / 거름 : 땅을 기름지게 하는 물질

- 바라다 : 그렇게 되었으면 하고 생각하다. / 바래다 : 색이 바래다. 또는 배웅하다.

- 얼음 : 물이 굳은 것 / 어름 : 구역과 구역의 경계점

- 웃옷 : 겉에 입는 옷 / 윗옷 : 위에 입는 옷

- 장사 : 물건을 파는 일 / 장수 : 장사하는 사람

- 짖다 : 소리를 내다. / 짓다 : 무엇을 만들다.

- 가리키다 : 방향이나 대상을 알리다. / 가르치다 : 지식이나 기능을 알게 하다.

- 다르다 : 서로 같지 않다. / 틀리다 : 그르거나 어긋나다.

- 반듯이 : 굽지 않고 바르다. / 반드시 : 틀림없이, 꼭

- 부치다 : 편지나 물건 등을 보내다. / 붙이다 : 떨어지지 않게 하다.

- 잊어버리다 : 생각이 나지 않다. / 잃어버리다 : 물건이 없어져 갖고 있지 않다.

- 늘리다 : 커지거나 많게 되다. / 늘이다 : 원래보다 더 길게 하다.

- 돋구다 : 안경의 도수 따위를 높이다. / 돋우다 : 위로 올려 도드라지거나 높아지게 하다.

- 댕기다 : 불이 옮아 붙다. / 당기다 : 마음이나 몸이 끌리다.

- 다리다 : 다리미로 옷을 문지르다. / 달이다 : 액체 따위를 끓여서 진하게 만들다.

- 비치다 : 빛을 받아 모양이 나타나 보이다. / 비추다 : 빛을 다른 대상이 받게 하다.

- 빌다 : 간청하거나 호소하다. / 빌리다 : 남의 물건이나 돈을 얼마 동안 쓰다.

- 살지다 : 살이 많고 튼실하다. / 살찌다 : 몸에 살이 필요 이상으로 많아지다.

- 벌이다 : 일 따위를 시작하거나 펼쳐 놓다. / 벌리다 : 둘 사이를 넓히거나 멀게 하다.

띄어쓰기의 기본 원칙

한글 맞춤법 1장 2항에 의하면 '문장의 각 단어는 띄어 씀을 원칙으로 한다.'고 되어 있습니다. 그렇다고 모든 낱말을 띄어서 쓰는 것은 아닙니다. '나는 학생입니다.'라는 문장을 보면 '나'와 '는'은 각각 다른 낱말이지만 붙여 쓴 걸 알 수 있습니다. 두 낱말은 붙여 쓴 것은 '는'이 독자적인 의미를 갖고 있지 않기 때문입니다.

이처럼 낱말을 붙여 쓸 때도 있기 때문에 띄어쓰기는 항상 헷갈리지만 몇 가지 규칙을 기억해 두면 띄어쓰기에 대해 자신감을 가질 수 있을 것입니다.

● 조사는 그 앞말에 붙여 쓴다

낱말은 명사(이름씨), 동사(움직씨), 형용사(그림씨), 부사(어찌씨), 조사 등과 같이 품사에 따라 구분할 수 있는데, 조사는 독자적인 의미가 없이 명사 뒤에 붙어 명사를 주어, 목적어, 서술어 등으로 만드는 기능적 역할을 담당합니다.

~까지	학교까지		~치고	양반치고		~밖에	너밖에
~같이	사자같이		~(이)든지	누구든지		~대로	이대로
~더러	누구더러		~조차	너조차		~에설랑	바다에설랑
~처럼	처음처럼		~보다	양보다		~마따나	말마따나
~한테	삼촌한테		~(은)커녕	짐승은커녕		~마다	사람마다
~마저	엄마마저		~(이)나마	조금이나마		~라야만	너라야만

● 의존 명사는 앞말과 띄어 쓴다

의존 명사는 다른 명사에 기대어 쓰는 형식적인 낱말로 조사와 비슷하지만 명사의 성격을 갖고 있기 때문에 조사와는 달리 앞말에 붙여 쓰지 않고 띄어 씁니다. 띄어쓰기를 틀리는 대부분의 경우를 보면 어떤 낱말을 접했을 때 이것이 의존명사인지 아닌지 헷갈려하기 때문입니다. 따라서 의존명사를 확실히 알아두는 것이 띄어쓰기를 잘하는 지름길입니다.

단위나 수량을 나타내는 의존명사					
개	한 개, 두 개	분	한 분, 어떤 분	자루	연필 한 자루
줄	한 줄, 두 줄	마리	닭 한 마리	다발	꽃 한 다발
그루	나무 한 그루	켤레	신발 한 켤레	방	홈런 한 방
근	돼지고기 한 근	채	집 한 채	포기	풀 한 포기

단위나 수량을 나타내는 의존명사

모금	물 한 **모금**	주먹	한 **주먹**	톨	밤 한 **톨**
가지	한 **가지**, 몇 **가지**	척	배 한 **척**	벌	옷 한 **벌**
살	아홉 **살**, 열 **살**	대	차 한 **대**	장	종이 한 **장**

꾸며주는 말 뒤에서 쓰이는 의존명사

지	떠난 **지**	쪽	어느 **쪽**	차	가려던 **차**
만큼	노력한 **만큼**	양	바보인 **양**	터	내일 갈 **터**
채	모르는 **채**	수	이럴 **수**가	만	좋아할 **만**도
척	아는 **척**	데	사는 **데**	자	맞설 **자**가
바	뜻한 **바**	이	아는 **이**	것	어느 **것**
대로	느낀 **대로**	쪽	가까운 **쪽**	분	착한 **분**
탓	게으른 **탓**	듯	자는 **듯**	체	잘난 **체**
줄	그럴 **줄**	딴	제 **딴**에는	나위	더할 **나위**
따름	웃을 **따름**	뿐	보낼 **뿐**	둥	하는 **둥**
때문	너 **때문**	뻔	다칠 **뻔**	따위	너 **따위**
리	그럴 **리**가	나름	하기 **나름**		

두 말을 이어주거나 열거하는 의존명사

등	국어, 수학, 영어 **등**	대	청군 **대** 백군	내지	열 **내지** 스물
겸	차장 **겸** 팀장	및	선생님 **및** 학부모님	등지	광주, 대구 **등지**

호칭이나 관직과 관련된 의존명사

군	홍길동 **군**	박사	아인슈타인 **박사**	씨	이몽룡**씨**

기타 의존명사

편	기차 **편**	통	난리 **통**

● **접사는 낱말의 앞이나 뒤에 붙여 쓴다**

접사는 홀로 쓰이지 않고 다른 낱말의 앞에 붙어서 새로운 뜻을 가진 낱말을 만드는 역할을 합니다. 낱말의 앞에 붙을 때는 접두사라고 하고, 뒤에 붙을 때는 접미사라고 합니다. 접사 중에는 관형사나 의존명사와 비슷한 글자가 많아 띄어쓰기를 틀리는 경우가 많으므로 잘 기억해 두세요.

맏	**맏**며느리	맨	**맨**발	풋	**풋**고추
한	**한**가운데	웃	**웃**어른	늦	**늦**더위
날	**날**고기	덧	**덧**버선	햇	**햇**과일
민	**민**소매	개	**개**꿈	돌	**돌**미역
맞	**맞**대결	설	**설**익다	강	**강**타자
홑	**홑**이불	새	**새**까맣다	선	**선**무당
헛	**헛**수고	알	**알**거지	맞	**맞**절
핫	**핫**바지	처	**처**먹다	짝	**짝**사랑
막	**막**노동	엿	**엿**듣다	질	걸레**질**
내	겨우**내**	꾼	구경**꾼**	둥이	귀염**둥이**
뱅이	가난**뱅이**	광	농구**광**	치	중간**치**

● **둘 이상의 낱말이 결합하여 붙여 쓰는 합성명사**

명사와 명사가 결합하여 새로운 뜻을 가진 하나의 낱말이 되는 경우 두 낱말을 띄어 쓰지 않고 붙여 씁니다.

겉+모양	겉모양	길+바닥	길바닥	단풍+잎	단풍잎
그림+일기	그림일기	가을+밤	가을밤	말+없이	말없이
기와+집	기와집	꽃+가루	꽃가루	돌+잔치	돌잔치
몸+무게	몸무게	돼지+고기	돼지고기	말+버릇	말버릇
불+장난	불장난	고기잡이+배	고기잡이배	단발+머리	단발머리
막내+딸	막내딸	아침+밥	아침밥	웃음+바다	웃음바다
새끼+손가락	새끼손가락	단골+손님	단골손님	봄+빛	봄빛
밥+상	밥상	호박+엿	호박엿	송이+버섯	송이버섯
비+바람	비바람	바늘+구멍	바늘구멍	밥+그릇	밥그릇
묵+사발	묵사발	조각+구름	조각구름	물+장수	물장수

● 둘 이상의 동사가 결합하여 붙여 쓰는 복합동사

동사와 동사가 결합하여 새로운 뜻을 가진 하나의 낱말이 되는 경우 두 낱말을 띄어 쓰지 않고 붙여 씁니다.

가지다+가다	가져가다	걷다+가다	걸어가다	쫓기다+나다	쫓겨나다
구르다+가다	굴러가다	뛰다+다니다	뛰어다니다	올리다+놓다	올려놓다
찾다+보다	찾아보다	고맙다+하다	고마워하다	바라다+보다	바라보다
내리다+오다	내려오다	즐겁다+하다	즐거워하다	잡다+먹다	잡아먹다
따르다+가다	따라가다	기다+가다	기어가다	솟다+나다	솟아나다
하다+나다	해내다	무섭다+하다	무서워하다	달리다+가다	달려가다
벗다+나다	벗어나다	잡다+당기다	잡아당기다	그립다+하다	그리워하다
데리다+가다	데려가다	내리다+놓다	내려놓다	모이다+들다	모여들다
얻다+먹다	얻어먹다	뛰다+가다	뛰어가다	깨다+나다	깨어나다
잡다+가다	잡아가다	물리다+나다	물러나다	쫓다+가다	쫓아가다
튀다+나오다	뛰어나오다	돌다+가다	돌아가다	뛰다+나가다	뛰쳐나가다
스미다+들다	스며들다	거들뜨다+보다	거들떠보다		

공습국어 초등어휘

정답과 해설

1·2학년 심화 I

주니어김영사

낱말은 쏙쏙! 생각은 쑥쑥!

★ 그림으로 낱말 찾기 ★
❶ 동물원 ❷ 뿔 ❸ 징검다리 ❹ 정답다 ❺ 닮다

★ 낱말 뜻 알기 ★
❶ 찌그러 ❷ 비슷, 생김새 ❸ 공중, 위쪽 ❹ 아래, 안
❺ 개울, 다리

★ 낱말 친구 사총사 ★
❸

해설 ❶, ❷, ❹에 쓰인 '누르는, 누르셨어, 눌러'는 '물체의 전체 면이나 부분에 대하여 힘이나 무게를 가하다.'라는 뜻으로 사용되었고, ❸에 쓰인 '누르고'는 '경기나 경선 따위에서 상대를 제압하여 이기다.'라는 뜻으로 사용되었습니다.

★ 연상되는 낱말 찾기 ★
동물원, 징검다리, 뿔

★ 짧은 글짓기 ★
• 예 나는 친구와 정답게 손을 잡았다.
• 예 동생이 내 장난감을 망가뜨렸다.
• 예 우리는 하늘 높이 뜬 방패연을 한참 동안 바라보았다.

낱말 쌈 싸 먹기

★ 맞춤법 ★
가게

해설 'ㅔ'가 들어가는 글자는 혼동하기 쉽습니다. 'ㅔ'를 'ㅐ'로 잘못 쓰지 않도록 주의합니다.

★ 띄어쓰기 ★
㉮

해설 '개'는 낱개로 된 물건을 세는 단위로, 앞말과 띄어 씁니다.

★ 관용어 ★
등잔

해설 그림은 손에 지우개를 들고서 지우개를 찾는 상황을 표현하고 있습니다. 이런 상황과 어울리는 속담에는 '등잔 밑이 어둡다'가 있습니다. '등잔 밑이 어둡다'는 '대상에 가까이 있는 사람이 도리어 대상에 대하여 잘 알기 어렵다.'라는 뜻을 갖고 있습니다.

★ 한자어 ★
教室(교실), 學生(학생)

낱말은 쏙쏙! 생각은 쑥쑥!

★ 그림으로 낱말 찾기 ★
❶ 덧셈 ❷ 바둑돌 ❸ 뺄셈 ❹ 책꽂이 ❺ 계산하다

★ 낱말 뜻 알기 ★
❶ 합치다 ❷ 꽂아 ❸ 따로따로 ❹ 규칙 ❺ 여섯, 놀이

★ 낱말 친구 사총사 ★
❸

해설 ❶, ❷, ❹에 쓰인 '계산'은 '주어진 수나 식을 일정한 규칙에 따라 처리하여 수치를 구하는 일'이라는 뜻으로 사용되었고, ❸에 쓰인 '계산'은 '값을 치름'이라는 뜻으로 사용되었습니다.

★ 연상되는 낱말 찾기 ★
바둑돌, 주사위, 덧셈

★ 짧은 글짓기 ★
• 예 오빠가 동전을 많이 모았다.
• 예 동생은 뺄셈을 무척 잘한다.
• 예 우리는 주사위를 높이 던졌다.

낱말 쌈 싸 먹기

★ 맞춤법 ★
갑짜기 → 갑자기

해설 '갑자기[갑짜기]'는 '갑자기'로 잘못 쓰기 쉬운 말입니다. 글자의 모양과 읽을 때의 소리가 다른 낱말은 틀리기 쉬우므로 바르게 기억하여 둡니다.

★ 띄어쓰기 ★
㉮

해설 '겉모양'은 '겉'과 '모양'이 하나로 합쳐져서 쓰이는 낱말입니다.

★ 관용어 ★
누워서

해설 그림은 동생이 수학 숙제를 도와 달라고 하니까 언니가 아주 쉽다고 말하는 상황을 표현하고 있습니다. 이런 상황과 어울리는 속담에는 '누워서 떡 먹기'가 있습니다. '누워서 떡 먹기'는 '하기가 매우 쉬운 것을 비유적으로 이르는 말'이라는 뜻을 갖고 있습니다.

★ 한자어 ★
구사일생(九死一生)

해설 • 조삼모사(朝三暮四) : 아침에 세 개, 저녁에 네 개라는 뜻으로, 당장 눈앞에 보이는 차별만을 알고 그 결과가 같음을 모르는 상황을 비유하거나 간사한 꾀를 써서 남을 속임을 이르는 말.

- 금상첨화(錦上添花) : 비단 위에 꽃을 더한다는 뜻으로, 좋은 일 위에 또 좋은 일이 더하여짐을 비유적으로 이르는 말.
- 구사일생(九死一生) : 아홉 번 죽을 뻔하다 한 번 살아난다는 뜻으로, 죽을 고비를 여러 차례 넘기고 겨우 살아남을 이르는 말.

03회 | 24~26쪽

낱말은 쏙쏙! 생각은 쑥쑥!

★ 그림으로 낱말 찾기 ★
❶ 시간표 ❷ 준비물 ❸ 알림장 ❹ 챙기다 ❺ 실내

★ 낱말 뜻 알기 ★
❶ 배워 ❷ 얼굴, 다시 ❸ 시간, 표 ❹ 필요, 빠뜨리
❺ 학생, 물건(물품)

★ 낱말 친구 사총사 ★
②

해설 ❶, ❸, ❹에 쓰인 '되돌아봤어, 되돌아보지, 되돌아봤지만'은 '가던 방향에서 몸이나 얼굴을 돌려 다시 바라보다.'라는 뜻으로 사용되었고, ②에 쓰인 '되돌아보시는'은 '지나온 과정을 다시 돌아보다.'라는 뜻으로 사용되었습니다.

★ 연상되는 낱말 찾기 ★
알림장, 시간표, 실내

★ 짧은 글짓기 ★
- 예 나는 저녁에 숙제를 하고 나서 준비물을 챙겼다.
- 예 현아는 아침에 교실에 들어가자마자 사물함에서 책을 꺼냈다.
- 예 우리 반은 2교시에 자율 학습을 했다.

낱말 쌈 싸 먹기

★ 맞춤법 ★
가리키셨다

해설 '가리키다'는 '손가락 따위로 어떤 방향이나 대상을 집어서 보이거나 말하거나 알리다.'라는 뜻이고, '가르치다'는 '지식이나 기능, 이치 따위를 깨닫거나 익히게 하다.'라는 뜻입니다. 따라서 문장에 어울리는 낱말은 '가리키셨다'입니다.

★ 띄어쓰기 ★
㉮

해설 '헌'은 '오래되어 성하지 않고 낡은'이라는 뜻을 나타내는 말로, 뒷말과 띄어 씁니다.

★ 관용어 ★
그림

해설 그림은 아이가 텔레비전 광고에 나오는 피자를 보고 군침을 흘리는 상황을 표현하고 있습니다. 이런 상황과 어울리는 관용구에는 '그림의 떡'이 있습니다. '그림의 떡'은 '아무리 마음에 들어도 이용할 수 없거나 차지할 수 없는 경우'를 이르는 말입니다.

★ 한자어 ★
父母(부모), 兄弟(형제)

04회 | 28~30쪽

낱말은 쏙쏙! 생각은 쑥쑥!

★ 그림으로 낱말 찾기 ★
❶ 신호등 ❷ 살피다 ❸ 건너다 ❹ 표지판 ❺ 멈추다

★ 낱말 뜻 알기 ★
❶ 꽃잎, 벌어 ❷ 주의 ❸ 사람, 환경 ❹ 사실, 표시
❺ 자동차, 비행기

★ 낱말 친구 사총사 ★
❶

해설 ❷, ❸, ❹에 쓰인 '핀, 피는, 피어'는 '꽃잎이나 잎 따위가 벌어지다.'라는 뜻으로 사용되었고, ❶에 쓰인 '피었다며'는 '사람이 살이 오르고 혈색이 좋아지다.'라는 뜻으로 사용되었습니다.

★ 연상되는 낱말 찾기 ★
신호등, 교통, 피다

★ 짧은 글짓기 ★
- 예 나그네는 외나무다리를 조심스럽게 건넜다.
- 예 도둑은 물건을 훔치기 전에 주위를 살폈다.
- 예 토끼는 거북이가 부르는 소리를 듣고 하던 일을 멈췄다.

낱말 쌈 싸 먹기

★ 맞춤법 ★
곳깜 → 곶감

해설 '곶감[곧깜]'은 '곳깜' 또는 '곳감'으로 잘못 쓰기 쉬운 말입니다. 글자의 받침이 ㄷ, ㅅ, ㅈ인 경우 소리가 같기 때문에 틀리기 쉬우므로 바르게 기억하여 둡니다.

★ 띄어쓰기 ★
㉯

해설 '가져가다'는 '무엇을 한 지점에서 다른 지점으로 옮겨 가다.'라는 뜻으로, 붙여서 한 낱말로 씁니다.

★ 관용어 ★

가는, 오는

해설 그림은 미술 시간에 한 아이가 친구의 그림을 칭찬하자, 친구도 칭찬하는 상황을 표현하고 있습니다. 이런 상황과 어울리는 속담에는 '가는 말이 고와야 오는 말이 곱다'가 있습니다. '가는 말이 고와야 오는 말이 곱다'는 '자기가 남에게 말이나 행동을 좋게 하여야 남도 자기에게 좋게 한다.'라는 뜻을 갖고 있습니다.

★ 한자어 ★

동문서답(東問西答)

해설 • 삼고초려(三顧草廬) : 초가집을 세 번 돌아본다는 뜻으로, 인재를 맞아들이기 위하여 참을성 있게 노력함을 비유적으로 이르는 말.
• 동문서답(東問西答) : 동쪽을 묻는데 서쪽을 대답한다는 뜻으로, 묻는 말에 대하여 전혀 엉뚱한 대답을 함을 이르는 말.
• 우문현답(愚問賢答) : 어리석은 질문에 현명한 대답이라는 뜻으로, 어리석은 질문을 해도 현명하게 대처하여 답을 함을 이르는 말.

05회 | 32~34쪽

낱말은 쏙쏙! 생각은 쑥쑥!

★ 그림으로 낱말 찾기 ★

❶ 작품 ❷ 오리다 ❸ 달다 ❹ 붙이다 ❺ 재료

★ 낱말 뜻 알기 ★

❶ 소리, 웃음 ❷ 물건, 걸거 ❸ 만들, 구성 ❹ 작품
❺ 바다, 모습

★ 낱말 친구 사총사 ★

❷

해설 ❶, ❸, ❹에 쓰인 '달았어, 달아, 달아서'는 '물건을 일정한 곳에 걸거나 매어 놓다.'라는 뜻으로 사용되었고, ❷에 쓰인 '달아서'는 '꿀이나 설탕의 맛과 같다.'라는 뜻으로 사용되었습니다.

★ 연상되는 낱말 찾기 ★

작품, 미소, 붙이다

★ 짧은 글짓기 ★

• 예 동생이 색종이를 잔뜩 오렸다.
• 예 우리는 산 정상에서 멋진 풍경을 바라보았다.
• 예 우리 가족은 조용히 연주를 감상했다.

낱말 쌈 싸 먹기

★ 맞춤법 ★

국물

해설 '국물[궁물]'은 '궁물'로 잘못 쓰기 쉬운 말입니다. 글자의 모양과 읽을 때의 소리가 다른 낱말은 틀리기 쉬우므로 바르게 기억하여 둡니다.

★ 띄어쓰기 ★

㉯

해설 ㉯의 '장군'은 '군대의 우두머리'를 뜻하는 말로, 앞말과 띄어 씁니다.

★ 관용어 ★

버릇

해설 그림은 아빠가 누워서 코를 파면서 텔레비전을 보는 버릇을 고치지 못하고 어른이 되어서도 똑같이 하는 상황을 표현하고 있습니다. 이런 상황과 어울리는 속담에는 '세 살 적 버릇이 여든까지 간다'가 있습니다. '세 살 적 버릇이 여든까지 간다'는 '어릴 때 몸에 밴 버릇은 늙어 죽을 때까지 고치기 힘들다는 뜻으로, 어릴 때부터 나쁜 버릇이 들지 않도록 잘 가르쳐야 함을 비유적으로 이르는 말'이라는 뜻을 갖고 있습니다.

★ 한자어 ★

國語(국어), 漢字(한자)

06회 | 36~38쪽

낱말은 쏙쏙! 생각은 쑥쑥!

★ 그림으로 낱말 찾기 ★

❶ 반점 ❷ 온점 ❸ 알아맞히다 ❹ 한글 ❺ 칠판 ❻ 받침

★ 낱말 뜻 알기 ★

❶ 정답 ❷ 한글, 아래 ❸ 쉼표, 이름 ❹ 마침표, 이름
❺ 이어지, 관계

★ 낱말 친구 사총사 ★

❷

해설 ❶, ❸, ❹에 쓰인 '이름, 다섯, 축구'에는 각각 받침 'ㅁ, ㅅ, ㄱ'이 있으나, ❷에 쓰인 '아빠'에는 받침이 없습니다.

★ 연상되는 낱말 찾기 ★

한글, 칠판, 반점

★ 짧은 글짓기 ★

• 예 우리 엄마는 3년 전부터 서예를 배우셨다.

- 예 누나가 재빨리 퀴즈의 정답을 알아맞혔다.
- 예 아빠가 호스를 수도꼭지에 연결하셨다.

★ 맞춤법 ★
깍뚜기 → 깍두기

해설 '깍두기[깍뚜기]'는 '깍뚜기'로 잘못 쓰기 쉬운 말입니다. 글자의 모양과 읽을 때의 소리가 다른 낱말은 틀리기 쉬우므로 바르게 기억하여 둡니다.

★ 띄어쓰기 ★
㉮

해설 그루'는 나무를 세는 단위로, 앞말과 띄어 씁니다.

★ 관용어 ★
미역국

해설 그림은 엄마가 운전면허 시험에서 떨어진 상황을 표현하고 있습니다. 이런 상황과 어울리는 관용구에는 '미역국 먹다'가 있습니다. '미역국 먹다'는 '시험에서 떨어지다.'라는 뜻을 갖고 있습니다.

★ 한자어 ★
인산인해(人山人海)

해설
- 풍전등화(風前燈火) : 바람 앞의 등불이라는 뜻으로, 사물이 매우 위태로운 처지에 놓여 있음을 비유적으로 이르는 말.
- 금상첨화(錦上添花) : 비단 위에 꽃을 더한다는 뜻으로, 좋은 일 위에 또 좋은 일이 더하여짐을 비유적으로 이르는 말.
- 인산인해(人山人海) : 사람이 산을 이루고 바다를 이루었다는 뜻으로, 사람이 수없이 많이 모인 상태를 이르는 말.

07회 | 40~42쪽

★ 그림으로 낱말 찾기 ★
❶ 늑목 ❷ 길다 ❸ 게양대 ❹ 무겁다 ❺ 시소

★ 낱말 뜻 알기 ★
❶ 무게, 크다 ❷ 높이 ❸ 사이, 가깝다 ❹ 기둥, 체조
❺ 다섯, 땅바닥, 놀이

★ 낱말 친구 사총사 ★
❸

해설 ❶, ❷, ❹에 쓰인 '공기'는 '밤톨만 한 돌 다섯 개 또는 여러 개를 땅바닥에 놓고, 일정한 규칙에 따라 집고 받는 아이들의 놀이. 또는 그 돌들'이라는 뜻으로 사용되었고, ❸에 쓰인 '공기'는 '지구를 둘러싼 대기의 하층부를 구성하는 무색, 무취의 투명한 기체'라는 뜻으로 사용되었습니다.

★ 연상되는 낱말 찾기 ★
철봉, 시소, 공기

★ 짧은 글짓기 ★
- 예 놀이터의 늑목이 낡았다.
- 예 우리 언니는 머리카락이 길다.
- 예 요즘 해가 많이 짧아졌다.

★ 맞춤법 ★
깎은

해설 '깎다[깍따]'는 '깍다'로 잘못 쓰기 쉬운 말입니다. 글자의 받침이 ㄲ인 경우는 ㄱ으로 발음되어서 잘못 쓰기 쉬우므로 주의합니다.

★ 띄어쓰기 ★
㉮

해설 '그림일기'는 '그림'과 '일기'가 하나로 합쳐져서 쓰이는 낱말입니다.

★ 관용어 ★
열 번, 나무

해설 그림은 이번 주 내내 아이가 아빠에게 놀이동산에 가자고 조르자 아빠가 았았다고 하는 상황을 표현하고 있습니다. 이런 상황과 어울리는 속담에는 '열 번 찍어 안 넘어가는 나무 없다'가 있습니다. '열 번 찍어 안 넘어가는 나무 없다'는 '아무리 뜻이 굳은 사람이라도 여러 번 권하거나 꾀고 달래면 결국은 마음이 변한다.'라는 뜻을 갖고 있습니다.

★ 한자어 ★
日出(일출), 東海(동해)

08회 | 44~46쪽

★ 그림으로 낱말 찾기 ★
❶ 수저 ❷ 남기다 ❸ 생신 ❹ 식사하다 ❺ 외식

★ 낱말 뜻 알기 ★
❶ 움직 ❷ 없애, 나머지 ❸ 박힌, 잡아 ❹ 예의, 질서
❺ 바깥, 음식

★ 낱말 친구 사총사 ★
❶

해설 ❷, ❸, ❹에 쓰인 '뽑아, 뽑는'은 '박힌 것을 잡아당기어 빼내다.'

라는 뜻으로 사용되었고, ❶에 쓰인 '뽑았어'는 '여럿 가운데에서 골라내
다.'라는 뜻으로 사용되었습니다.

★ 연상되는 낱말 찾기 ★

생신, 수저, 예절

★ 짧은 글짓기 ★

• 예 우리 반은 내일 체육 시간에 운동장에서 공 던지기 자세
를 배울 것이다.
• 예 우리 가족은 어제 시내에서 맛있게 식사하고 나서 영화
를 보았다.
• 예 나는 지난주 식당에서 배가 불러서 음식을 남겼다.

★ 맞춤법 ★

깡총깡총 → 깡충깡충

해설 '깡충깡충'은 '깡총깡총'으로 잘못 쓰기 쉬운 말입니다. 모음 조화
('ㅏ', 'ㅗ' 따위의 양성 모음은 양성 모음끼리, 'ㅓ', 'ㅜ' 따위의 음성 모음
은 음성 모음끼리 어울리는 현상)에 어긋나는 낱말은 틀리기 쉬우므로 바르
게 기억하여 둡니다.

★ 띄어쓰기 ★

㉮

해설 '맨'은 '다른 것이 없는'의 뜻을 더하는 말로, 뒷말과 붙여 씁니다.

★ 관용어 ★

작은 고추

해설 그림은 몸집이 작은 아이가 닭싸움에서 큰 아이를 이긴 상황을 표
현하고 있습니다. 이런 상황과 어울리는 속담에는 '작은 고추가 더 맵다'가
있습니다. '작은 고추가 더 맵다'는 '몸집이 작은 사람이 큰 사람보다 재주
가 뛰어나고 야무짐을 비유적으로 이르는 말'이라는 뜻을 갖고 있습니다.

★ 한자어 ★

백발백중(百發百中)

해설 • 백발백중(百發百中) : 백 번 쏘아 백 번 맞힌다는 뜻으로, 무슨
일이나 틀림없이 잘 들어맞음을 뜻하는 말.
• 칠전팔기(七顚八起) : 일곱 번 넘어지고 여덟 번 일어난다는 뜻으로, 여러
번 실패하여도 굴하지 않고 꾸준히 노력함을 이르는 말.
• 우이독경(牛耳讀經) : 쇠귀에 경 읽기라는 뜻으로, 아무리 가르치고 일러
주어도 알아듣지 못함을 이르는 말.

★ 그림으로 낱말 찾기 ★

❶ 아프다 ❷ 건강 ❸ 운동 ❹ 가족 ❺ 음식

★ 낱말 뜻 알기 ★

❶ 직접, 지식 ❷ 부딪치, 상처 ❸ 거들, 보태 ❹ 정신, 튼튼
❺ 상태

★ 낱말 친구 사총사 ★

❶

해설 ❶에 쓰인 '가족'은 '부부와 같이 혼인으로 맺어지거나, 부모·자
식과 같이 혈연으로 이루어지는 집단. 또는 그 구성원'이라는 뜻으로, ❷,
❸, ❹에 쓰인 '엄마, 할머니, 아빠'를 포함하는 말입니다.

★ 연상되는 낱말 찾기 ★

가족, 운동, 음식

★ 짧은 글짓기 ★

• 예 경아는 성우랑 부딪치는 바람에 팔을 다쳤다.
• 예 나는 엄마를 도와 음식을 차렸다.
• 예 기현이는 하루 동안 소방관이 되어 보는 좋은 경험을 했
다.

★ 맞춤법 ★

나무꾼

해설 '나무꾼'은 '나뭇군'으로 잘못 쓰기 쉬운 말입니다. 된소리로 표기
해야 할 낱말과 예사소리로 표기할 낱말은 틀리기 쉬우므로 바르게 기억하
여 둡니다.

★ 띄어쓰기 ★

㉮

해설 '걸어가다'는 '목적지를 향하여 발로 걸어서 나아가다.'라는 뜻으
로, 붙여서 하나의 낱말로 씁니다.

★ 관용어 ★

배꼽

해설 그림은 아이들이 코미디 프로그램을 보면서 배를 잡고 웃는 상황
을 표현하고 있습니다. 이런 상황과 어울리는 관용구에는 '배꼽이 빠지다'
가 있습니다. '배꼽이 빠지다'는 '몹시 우습다.'라는 뜻을 갖고 있습니다.

★ 한자어 ★

車道(차도), 左右(좌우)

10회 | 52~54쪽

낱말은 쏙쏙! 생각은 쑥쑥!

★ 그림으로 낱말 찾기 ★
❶ 술래 ❷ 꽂다 ❸ 모래 ❹ 허물다 ❺ 잡다

★ 낱말 뜻 알기 ★
❶ 눈동자 ❷ 빠지, 끼우 ❸ 약속, 규칙 ❹ 점수, 승부
❺ 쌓이, 무너

★ 낱말 친구 사총사 ★
❹

해설 ❶, ❷, ❸에 쓰인 '감으면, 감았어, 감는'은 '눈꺼풀을 내려 눈동자를 덮다.'라는 뜻으로 사용되었고, ❹에 쓰인 '감고'는 '어떤 물체를 다른 물체에 말거나 빙 두르다.'라는 뜻으로 사용되었습니다.

★ 연상되는 낱말 찾기 ★
술래, 모래, 비기다

★ 짧은 글짓기 ★
• 예 누나가 내 손을 꼭 잡았다.
• 예 형민이는 경기에 져서 약속대로 벌칙을 받았다.
• 예 옛날 여자들은 머리에 비녀를 꽂았다.

낱말 쌈 싸 먹기

★ 맞춤법 ★
남비 → 냄비

해설 '냄비'는 '남비'로 잘못 쓰기 쉬운 말입니다. 'ㅣ' 역행 동화가 일어난 낱말은 틀리기 쉬우므로 바르게 기억하여 둡니다.

★ 띄어쓰기 ★
㉯

해설 '두고두고'는 '여러 번에 걸쳐 오랫동안'을 뜻하는 말로, 붙여서 하나의 낱말로 씁니다.

★ 관용어 ★
호랑이

해설 그림은 선생님 이야기를 하고 있는데 선생님이 나타난 상황을 표현하고 있습니다. 이런 상황과 어울리는 속담에는 '호랑이도 제 말 하면 온다'가 있습니다. '호랑이도 제 말 하면 온다'는 '다른 사람에 관한 이야기를 하는데 공교롭게 그 사람이 나타나는 경우를 이르는 말'이라는 뜻을 갖고 있습니다.

★ 한자어 ★
막상막하(莫上莫下)

해설 • 지피지기(知彼知己) : 적을 알고 나를 안다는 뜻으로, 적의 형편과 나의 형편을 자세히 알아야 한다는 말.
• 백전백승(百戰百勝) : 백 번 싸워 백 번 이긴다는 뜻으로, 싸울 때마다 번번이 이김을 이르는 말.
• 막상막하(莫上莫下) : 어느 것이 위고 아래인지 분간할 수 없다는 뜻으로, 더 낫고 더 못함의 차이가 거의 없음을 이르는 말.

11회 | 56~58쪽

낱말은 쏙쏙! 생각은 쑥쑥!

★ 그림으로 낱말 찾기 ★
❶ 보름달 ❷ 형제 ❸ 강둑 ❹ 곡식 ❺ 끌다

★ 낱말 뜻 알기 ★
❶ 강물 ❷ 흩어, 던지 ❸ 생각, 결정 ❹ 열매, 싹
❺ 보리, 옥수수

★ 낱말 친구 사총사 ★
❶

해설 ❷, ❸, ❹에 쓰인 '끌었어, 끌어'는 '바닥에 댄 채로 잡아당기다.'라는 뜻으로 사용되었고, ❶에 쓰인 '끌자'는 '시간이나 일을 늦추거나 미루다.'라는 뜻으로 사용되었습니다.

★ 연상되는 낱말 찾기 ★
보름달, 형제, 씨

★ 짧은 글짓기 ★
• 예 봄이 되자, 농부들은 밭에 씨를 뿌렸다.
• 예 엄마는 망설이기만 하면 아무것도 할 수 없다고 나에게 충고를 해 주셨다.
• 예 나는 전래 동화에 나오는 의좋은 형제를 닮고 싶다.

낱말 쌈 싸 먹기

★ 맞춤법 ★
다르다

해설 '다르다'는 '비교가 되는 두 대상이 서로 같지 않다.'라는 뜻이고, '틀리다'는 '셈이나 사실 따위가 그르게 되거나 어긋나다.' 또는 '바라거나 하려는 일이 순조롭게 되지 못하다.'라는 뜻입니다. 따라서 문장에 어울리는 낱말은 '다르다'입니다.

★ 띄어쓰기 ★
㉮

해설 '근'은 무게를 나타내는 단위로, 앞말과 띄어 씁니다.

★ 관용어 ★

꼬리

해설 그림은 수박 서리를 여러 번 하던 아이가 주인 아저씨에게 들킨 상황을 표현하고 있습니다. 이런 상황과 어울리는 속담에는 '꼬리가 길면 밟힌다' 가 있습니다. '꼬리가 길면 밟힌다' 는 '나쁜 일을 아무리 남모르게 한다고 해도 오래 두고 여러 번 계속하면 결국에는 들키고 만다는 것을 비유적으로 이르는 말' 이라는 뜻을 갖고 있습니다.

★ 한자어 ★

平生(평생), 國家(국가)

12회 | 60~62쪽

 낱말은 쏙쏙! 생각은 쑥쑥!

★ 그림으로 낱말 찾기 ★

❶ 다투다 ❷ 구경하다 ❸ 공공장소 ❹ 로봇 ❺ 고장

★ 낱말 뜻 알기 ★

❶ 흥미 ❷ 태도, 고분고분 ❸ 짓궂, 웃음 ❹ 의견, 싸우
❺ 싸움, 감정

★ 낱말 친구 사총사 ★

❶

해설 ❷, ❸, ❹에 쓰인 '고장' 은 '기구나 기계가 제대로 움직이지 못하게 되는 기능상의 장애' 라는 뜻으로 사용되었고, ❶에 쓰인 '고장' 은 '사람이 많이 사는 지방이나 지역' 이라는 뜻으로 사용되었습니다.

★ 연상되는 낱말 찾기 ★

로봇, 공공장소, 놀리다

★ 짧은 글짓기 ★

• 예 친구들은 늘 친절한 성현이를 좋아했다.

• 예 화해하고 싶었기 때문에 내가 먼저 정희에게 사과를 했다.

• 예 우리 가족은 한참 동안 동물원의 동물들을 구경했다.

 낱말 쌈 싸 먹기

★ 맞춤법 ★

떡뽁기 → 떡볶이

해설 '떡볶이[떡뽀끼]' 는 '떡뽁기' 나 '떡뽀끼' 로 잘못 쓰기 쉬운 말입니다. 글자의 모양과 읽을 때의 소리가 다른 낱말은 틀리기 쉬우므로 바르게 기억하여 둡니다.

★ 띄어쓰기 ★

㉮

해설 '기와집' 은 '기와' 와 '집' 이 하나로 합쳐져서 쓰이는 낱말입니다.

★ 관용어 ★

도끼, 발등

해설 그림은 화분 깨뜨린 것을 안 이르겠다고 해 놓고 동생이 엄마에게 일러서 형이 벌서는 상황을 표현하고 있습니다. 이런 상황과 어울리는 속담에는 '믿는 도끼에 발등 찍힌다' 가 있습니다. '믿는 도끼에 발등 찍힌다' 는 '잘되리라고 믿고 있던 일이 어긋나거나 믿고 있던 사람이 배반하여 오히려 해를 입음을 비유적으로 이르는 말' 이라는 뜻을 갖고 있습니다.

★ 한자어 ★

견물생심(見物生心)

해설 • 일사천리(一瀉千里) : 강물이 빨리 흘러 천 리를 간다는 뜻으로, 어떤 일이 거침없이 빨리 진행됨을 이르는 말.

• 견물생심(見物生心) : 물건을 보면 마음이 생긴다는 뜻으로, 어떠한 실물을 보게 되면 그것을 가지고 싶은 욕심이 생김을 이르는 말.

• 일거양득(一擧兩得) : 한 번 들어 둘을 얻는다는 뜻으로, 한 가지 일을 하여 두 가지 이익을 얻음을 이르는 말.

13회 | 64~66쪽

 낱말은 쏙쏙! 생각은 쑥쑥!

★ 그림으로 낱말 찾기 ★

❶ 물놀이 ❷ 식물 ❸ 동물 ❹ 덥다 ❺ 차다

★ 낱말 뜻 알기 ★

❶ 기온, 뜨겁 ❷ 목숨, 안전 ❸ 구름, 바람
❹ 학교, 추위, 수업 ❺ 나무, 이동

★ 낱말 친구 사총사 ★

❹

해설 ❶, ❷, ❸에 쓰인 '찬' 은 '몸에 닿은 물체나 대기의 온도가 낮다.' 라는 뜻으로 사용되었고, ❹에 쓰인 '찬' 은 '발로 내어 지르거나 받아 올리다.' 라는 뜻으로 사용되었습니다.

★ 연상되는 낱말 찾기 ★

방학, 날씨, 동물

★ 짧은 글짓기 ★

• 예 우리는 어제 바닷가에 가서 신 나게 물놀이를 했다.

• 예 동네 어른들께서 우리를 위해 공원 근처의 위험한 시설물을 치우셨다.

• 예 우리는 너무 더워서 찬 아이스크림을 사 먹기로 했다.

★ 맞춤법 ★

닦았다

해설 '닦다[닥따]'는 '닥따'나 '딱다'로 잘못 쓰기 쉬운 말입니다. '딱다'는 함경도 사투리로 틀리기 쉬우므로 바르게 기억하여 둡니다.

★ 띄어쓰기 ★

㉯

해설 '풋'은 '덜 익은'의 뜻을 더하는 말로, 뒷말과 붙여 씁니다.

★ 관용어 ★

불

해설 그림은 아이가 고기를 보고 달려드는 상황을 표현하고 있습니다. 이런 상황과 어울리는 관용구에는 '눈에 불을 켜다'가 있습니다. '눈에 불을 켜다'는 '몹시 욕심을 내거나 관심을 기울이다.'를 이르는 말입니다.

★ 한자어 ★

大學(대학), 入學(입학)

14회 | 68~70쪽

 낱말은 쏙쏙! 생각은 쑥쑥!

★ 그림으로 낱말 찾기 ★

❶ 음악 ❷ 동작 ❸ 부르다 ❹ 장구 ❺ 치다

★ 낱말 뜻 알기 ★

❶ 생김새, 아름답 ❷ 움직임, 가볍 ❸ 목소리, 예술
❹ 무용, 손발 ❺ 보이, 마음

★ 낱말 친구 사총사 ★

❸

해설 ❶, ❷, ❹에 쓰인 '쳐, 치는, 치기로'는 '손이나 물건 따위를 부딪쳐 소리 나게 하다.'라는 뜻으로 사용되었고, ❸에 쓰인 '치는'은 '물결이나 파도 따위가 일어 움직이다.'라는 뜻으로 사용되었습니다.

★ 연상되는 낱말 찾기 ★

장구, 음악, 부르다

★ 짧은 글짓기 ★

• 예 우리는 지난 화요일에 강당에서 경쾌한 공연을 보았다.
• 예 나는 어제 저녁 방에서 책을 보다가 미래의 내 모습을 상상해 보았다.
• 예 삼촌은 지난해 가을, 공원에서 고운 얼굴의 숙모를 처음 보았다고 하셨다.

★ 맞춤법 ★

매뚜기 → 메뚜기

해설 '메뚜기'는 '매뚜기'로 잘못 쓰기 쉬운 말입니다. 'ㅔ'를 'ㅐ'로 잘못 쓰지 않도록 주의합니다.

★ 띄어쓰기 ★

㉮

해설 '굴러가다'는 '어떤 곳을 굴러서 가다.'라는 뜻으로, 붙여서 한 낱말로 씁니다.

★ 관용어 ★

원숭이

해설 그림은 최고의 궁수가 활을 쏘았는데 과녁에 맞히지 못하고 크게 빗나간 상황을 표현하고 있습니다. 이런 상황과 어울리는 속담에는 '원숭이도 나무에서 떨어진다'가 있습니다. '원숭이도 나무에서 떨어진다'는 '아무리 익숙하고 잘하는 사람이라도 간혹 실수할 때가 있음을 비유적으로 이르는 말'이라는 뜻을 갖고 있습니다.

★ 한자어 ★

이구동성(異口同聲)

해설 • 이구동성(異口同聲) : 입은 다르나 목소리는 같다는 뜻으로, 여러 사람의 말이 한결같음을 이르는 말.
• 유구무언(有口無言) : 입은 있어도 말은 없다는 뜻으로, 변명할 말이 없거나 변명을 못함을 이르는 말.
• 십중팔구(十中八九) : 열 가운데 여덟이나 아홉이라는 뜻으로, 거의 대부분이거나 거의 틀림없음을 이르는 말.

15회 | 72~74쪽

 낱말은 쏙쏙! 생각은 쑥쑥!

★ 그림으로 낱말 찾기 ★

❶ 공원 ❷ 칭찬 ❸ 버리다 ❹ 꾸중 ❺ 쓰레기

★ 낱말 뜻 알기 ★

❶ 잘못 ❷ 다녀오 ❸ 시키, 부탁 ❹ 요구 ❺ 훌륭, 평가

★ 낱말 친구 사총사 ★

❶

해설 ❷, ❸, ❹에 쓰인 '졸랐어, 조르니까, 졸라서'는 '다른 사람에게 차지고 끈덕지게 무엇을 자꾸 요구하다.'라는 뜻으로 사용되었고, ❶에 쓰인 '졸랐어'는 '동이거나 감은 것을 단단히 죄다.'라는 뜻으로 사용되었습니다.

★ 연상되는 낱말 찾기 ★

쓰레기, 나들이, 꾸중

★ 짧은 글짓기 ★

• 예 엄마가 나에게 우유를 사 오라고 심부름을 시키셨다.
• 예 우리 가족은 공원에 가서 자전거를 탔다.
• 예 나는 오래되어서 망가진 장난감을 버렸다.

★ 맞춤법 ★

반듯이

해설 '반드시'는 '틀림없이 꼭'이라는 뜻이고, '반듯이'는 '작은 물체 또는 생각이나 행동 따위가 삐뚤어지거나 기울거나 굽지 않고 바르게' 또는 '생김새가 아담하고 말끔하게'라는 뜻입니다. 따라서 문장에 어울리는 낱말은 '반듯이'입니다.

★ 띄어쓰기 ★

㉯

해설 '힘없다'는 '기운이나 의욕 따위가 없다.'는 뜻으로, 붙여서 하나의 낱말로 씁니다.

★ 관용어 ★

별

해설 그림은 아이들이 프로 축구 선수나 할 수 있는 어려운 일을 한 아이에게 요구하는 상황을 표현하고 있습니다. 이런 상황과 어울리는 속담에는 '하늘의 별 따기'가 있습니다. '하늘의 별 따기'는 '무엇을 얻거나 성취하기가 매우 어려운 경우를 비유적으로 이르는 말'이라는 뜻을 갖고 있습니다.

★ 한자어 ★

生命(생명), 正直(정직)

16 회 | 76~78쪽

★ 그림으로 낱말 찾기 ★

❶ 번호 ❷ 신발장 ❸ 넣다 ❹ 상자 ❺ 모양

★ 낱말 뜻 알기 ★

❶ 공간 ❷ 생김새 ❸ 차례, 숫자 ❹ 조건, 넘치
❺ 물건, 네모

★ 낱말 친구 사총사 ★

❷

해설 ❷에 쓰인 '모양'은 '겉으로 나타나는 생김새나 모습'을 뜻하는 말입니다. ❶, ❸, ❹에 쓰인 '동그라미, 세모, 네모'는 모두 '모양'에 포함되는 말입니다.

★ 연상되는 낱말 찾기 ★

상자, 번호, 신발장

★ 짧은 글짓기 ★

• 예 아빠가 식당에서 먹기에 알맞은 크기로 고기를 잘라 주셨다.
• 예 나그네는 산속에서 길을 잃었다.
• 예 우리 반 아이들은 복도에서 키 순서대로 번호를 정했다.

★ 맞춤법 ★

설겆이 → 설거지

해설 '설거지'는 '설겆이'로 잘못 쓰기 쉬운 말입니다. '설거지'는 자음의 발음에 변화가 일어나 새롭게 정한 표준어이기 때문에 틀리기 쉬우므로 바르게 기억하여 둡니다.

★ 띄어쓰기 ★

㉮

해설 '살'은 나이를 세는 단위로, 앞말과 띄어 씁니다.

★ 관용어 ★

코

해설 그림은 사나운 개가 쫓아오자 도움을 청하는 동생을 자기 사정이 급해 돌보지 못하는 상황을 표현하고 있습니다. 이런 상황과 어울리는 속담에는 '내 코가 석 자'가 있습니다. '내 코가 석 자'는 '내 사정이 급하고 어려워서 남을 돌볼 여유가 없음을 비유적으로 이르는 말'이라는 뜻을 갖고 있습니다.

★ 한자어 ★

이심전심(以心傳心)

해설 • 이심전심(以心傳心): 마음에서 마음으로 전한다는 뜻으로, 마음과 마음으로 서로 뜻이 통함을 이르는 말.
• 형형색색(形形色色): 모양과 색깔이 각각이라는 뜻으로, 형상과 빛깔 따위가 서로 다른 여러 가지를 이르는 말.
• 천고마비(天高馬肥): 하늘이 높고 말이 살찐다는 뜻으로, 하늘이 맑아 높푸르게 보이고 온갖 곡식이 익는 가을철을 이르는 말.

17회 | 80~82쪽

 낱말은 쏙쏙! 생각은 쑥쑥!

★ 그림으로 낱말 찾기 ★
❶ 틀다 ❷ 거품 ❸ 미끄럽다 ❹ 씻다 ❺ 비누

★ 낱말 뜻 알기 ★
❶ 티끌 ❷ 이, 닦는 ❸ 맞지 ❹ 휴지, 더러운 ❺ 거품

★ 낱말 친구 사총사 ★
❹

[해설] ❶, ❷, ❸에 쓰인 '피했어, 피해도, 피하지'는 '비, 눈 등을 맞지 않게 몸을 옮기다.'라는 뜻으로 사용되었고, ❹에 쓰인 '피하려고'는 '원치 않은 일을 당하거나 어려운 처지에 놓이지 않도록 하다.'라는 뜻으로 사용되었습니다.

★ 연상되는 낱말 찾기 ★
치약, 미끄럽다, 비누

★ 짧은 글짓기 ★
• [예] 동생이 세수를 하려고 수도꼭지를 틀었다.
• [예] 엄마와 아빠는 먼지를 털기 위해 이불을 마주 잡았다.
• [예] 소녀는 비눗방울을 날리려고 손바닥에 생긴 비누 거품을 후 불었다.

 낱말 쌈 싸 먹기

★ 맞춤법 ★
볶음밥

[해설] '볶음밥'은 '뽁음밥'으로 세게 발음하는 경우가 많아 잘못 쓰기 쉬운 말이므로 바르게 기억하여 둡니다.

★ 띄어쓰기 ★
㉮

[해설] '길바닥'은 '길'과 '바닥'이 하나로 합쳐져서 쓰이는 낱말입니다.

★ 관용어 ★
주머니

[해설] 그림은 외식하러 나온 가족이 별로 돈이 없어서 비교적 싼 식당으로 들어가는 상황을 표현하고 있습니다. 이런 상황과 어울리는 관용구에는 '주머니가 가볍다'가 있습니다. '주머니가 가볍다'는 '가지고 있는 돈이 적다.'라는 뜻을 갖고 있습니다.

★ 한자어 ★
孝子(효자), 家門(가문)

18회 | 84~86쪽

 낱말은 쏙쏙! 생각은 쑥쑥!

★ 그림으로 낱말 찾기 ★
❶ 환자 ❷ 청진기 ❸ 맡다 ❹ 만지다 ❺ 간호사

★ 낱말 뜻 알기 ★
❶ 상처, 헝겊 ❷ 다쳐, 치료 ❸ 괴롭다 ❹ 의사, 돌보는
❺ 환자, 소리

★ 낱말 친구 사총사 ★
❷

[해설] ❶, ❸, ❹에 쓰인 '맡아, 맡으니'는 '코로 냄새를 느끼다.'라는 뜻으로 사용되었고, ❷에 쓰인 '맡게'는 '어떤 일에 대한 책임을 지고 담당하다.'라는 뜻으로 사용되었습니다.

★ 연상되는 낱말 찾기 ★
체온계, 붕대, 간호사

★ 짧은 글짓기 ★
• [예] 간호사가 밤새 환자를 정성껏 돌보았다.
• [예] 나는 내 차례를 기다리는 동안 주머니 속에 든 동전을 계속 만졌다.
• [예] 엄마는 금요일마다 몸이 불편하신 할머니들을 보살피신다.

 낱말 쌈 싸 먹기

★ 맞춤법 ★
숫가락 → 숟가락

[해설] '숟가락'은 '숫가락'으로 잘못 쓰기 쉬운 말입니다. 숟가락은 '밥 한 술'할 때의 '술'과 '가락'이 합쳐진 낱말로 받침이 ㄹ인 말이 다른 말과 결합하여 ㄷ으로 발음될 때는 ㄹ이 아닌 ㄷ으로 적습니다. 참고로 '젓가락'은 '저(箸)'라는 한자어와 '가락'이라는 우리말이 결합한 낱말로 '저까락'으로 발음되는데, 한자어와 우리말이 결합하여 뒷말이 된소리가 되는 경우에는 앞말에 사이시옷을 붙이기 때문에 '젓가락'이라고 씁니다.

★ 띄어쓰기 ★
㉯

[해설] '한'은 '정확한'의 뜻을 더하는 말로, 뒷말과 붙여 씁니다.

★ 관용어 ★
붙이다

[해설] 그림은 축구 경기 중 전반전이 끝나고 휴식 시간에 아이가 잠깐 잠을 자는 상황을 표현하고 있습니다. 이런 상황과 어울리는 관용구에는 '눈을 붙이다'가 있습니다. '눈을 붙이다'는 '잠을 자다.'라는 뜻을 갖고 있습니다.

★ 한자어 ★

팔방미인(八方美人)

해설 • 팔방미인(八方美人) : 어느 모로 보나 아름다운 사람이라는 뜻으로, 여러 방면에 능통한 사람을 비유적으로 이르는 말.
• 타산지석(他山之石) : 다른 산의 나쁜 돌이라도 자신의 산의 옥돌을 가는 데에 쓸 수 있다는 뜻으로, 본이 되지 않은 남의 말이나 행동도 자신의 지식과 인격을 수양하는 데에 도움이 될 수 있음을 비유적으로 이르는 말.
• 청출어람(靑出於藍) : 쪽에서 뽑아낸 푸른 물감이 쪽보다 더 푸르다는 뜻으로, 제자나 후배가 스승이나 선배보다 나음을 비유적으로 이르는 말.

19회 | 88~90쪽

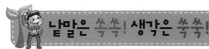
낱말은 쏙쏙! 생각은 쑥쑥!

★ 그림으로 낱말 찾기 ★
① 균형 ② 버티다 ③ 빠지다 ④ 체조 ⑤ 장애물

★ 낱말 뜻 알기 ★
① 제자리 ② 거쳐서 ③ 한쪽, 기울 ④ 쓰러지, 다리
⑤ 둥근, 허리

★ 낱말 친구 사총사 ★
③

해설 ①, ②, ④에 쓰인 '빠지니까, 빠져서, 빠져'는 '박힌 물건이 제자리에서 나오다.'라는 뜻으로 사용되었고, ③에 쓰인 '빠지는'은 '정신이나 기운이 줄거나 없어지다.'라는 뜻으로 사용되었습니다.

★ 연상되는 낱말 찾기 ★
훌라후프, 부드럽다, 체조

★ 짧은 글짓기 ★
• 예 나는 평균대 위에서 균형을 잡았다.
• 예 사냥꾼이 산길에서 커다란 장애물을 만났다.
• 예 버스가 고속 도로에서 긴 터널을 통과했다.

낱말 쌈 싸 먹기

★ 맞춤법 ★
부쳤다

해설 '붙이다'는 '붙다'의 사동사로 '맞닿아 떨어지지 않게 하다.'라는 뜻이고, '부치다'는 '편지나 물건 따위를 일정한 수단이나 방법을 써서 상대에게로 보내다.'라는 뜻입니다. 따라서 문장에 어울리는 낱말은 '부쳤다'입니다.

★ 띄어쓰기 ★
㉮

해설 '올려놓다'는 '어떤 물건을 무엇의 위에 옮겨 놓다.'라는 뜻으로, 붙여서 한 낱말로 씁니다.

★ 관용어 ★
우물

해설 그림은 세상에서 말이 제일 빨리 달리는 줄 알던 사람이 자동차를 보고 깜짝 놀라는 상황입니다. 이런 상황과 어울리는 속담에는 '우물 안 개구리'가 있습니다. '우물 안 개구리'는 '넓은 세상의 형편을 알지 못하는 사람을 비유적으로 이르는 말' 또는 '아는 것이 적어 저만 잘난 줄로 아는 사람을 비꼬는 말'이라는 뜻을 갖고 있습니다.

★ 한자어 ★
午前(오전), 全國(전국)

20회 | 92~94쪽

낱말은 쏙쏙! 생각은 쑥쑥!

★ 그림으로 낱말 찾기 ★
① 맵다 ② 밥상 ③ 흉내 ④ 커다랗다 ⑤ 송편

★ 낱말 뜻 알기 ★
① 음식 ② 감추다 ③ 양말 ④ 행동, 그대로 ⑤ 추석, 반달

★ 낱말 친구 사총사 ★
④

해설 ①, ②, ③에 쓰인 '매운, 매워서, 매워도'는 '고추나 겨자같이 맛이 알알하다.'라는 뜻으로 사용되었고, ④에 쓰인 '매우니'는 '날씨가 몹시 춥다.'라는 뜻으로 사용되었습니다.

★ 연상되는 낱말 찾기 ★
송편, 고양이, 신다

★ 짧은 글짓기 ★
• 예 동생이 추석에 송편을 커다랗게 빚었다.
• 예 형과 나는 저녁 식사 때 밥상을 함께 들었다.
• 예 고양이가 컴컴한 밤에 쥐를 잽싸게 잡았다.

낱말 쌈 싸 먹기

★ 맞춤법 ★
실래화 → 실내화

해설 '실내화[실래화]'는 '실래화'로 잘못 쓰기 쉬운 말입니다. 글자의

모양과 읽을 때의 소리가 다른 낱말은 틀리기 쉬우므로 바르게 기억하여 둡니다. 참고로 '실내화'는 '실내(室內)'와 신발을 뜻하는 '화(靴)'가 결합한 낱말로 두 낱말이 결합하여 새로운 낱말이 되는 경우에 특별한 상황을 제외하고는 원래 낱말을 밝혀 적는 것이 원칙입니다.

★ 띄어쓰기 ★

㉯

해설 '차례차례'는 '차례를 따라서 순서 있게'라는 뜻으로, 붙여서 한 낱말로 씁니다.

★ 관용어 ★

말, 빚

해설 그림은 자신의 잘못을 진심으로 사과하자, 친구의 마음이 풀리는 상황을 표현하고 있습니다. 이런 상황과 어울리는 속담에는 '말 한마디에 천 냥 빚도 갚는다'가 있습니다. '말 한마디에 천 냥 빚도 갚는다'는 '말만 잘하면 어려운 일이나 불가능해 보이는 일도 해결할 수 있다는 말'이라는 뜻을 갖고 있습니다.

★ 한자어 ★

고진감래(苦盡甘來)

해설 • 동고동락(同苦同樂) : 괴로움과 즐거움을 함께한다는 뜻으로, 같이 고생하고 같이 즐기는 것을 이르는 말.
• 고진감래(苦盡甘來) : 쓴 것이 다하면 단 것이 온다는 뜻으로, 고생 끝에 즐거움이 옴을 이르는 말.
• 청산유수(靑山流水) : 푸른 산에 흐르는 맑은 물이라는 뜻으로, 막힘없이 썩 잘하는 말을 비유적으로 이르는 말.

21 회 | 96~98쪽

 낱말은 쏙쏙! 생각은 쑥쑥!

★ 그림으로 낱말 찾기 ★

❶ 급식 ❷ 냄새 ❸ 씹다 ❹ 식판 ❺ 쳐다보다

★ 낱말 뜻 알기 ★

❶ 아래 ❷ 실수, 행동 ❸ 초등학교, 학습
❹ 반찬, 오목 ❺ 음식, 아랫니

★ 낱말 친구 사총사 ★

❹

해설 ❶, ❷, ❸에 쓰인 '떨어진, 떨어지기, 떨어져'는 '위에서 아래로 내려지다.'라는 뜻으로 사용되었고, ❹에 쓰인 '떨어졌어'는 '시험, 선거, 선발 등에 응하여 뽑히지 못하다.'라는 뜻으로 사용되었습니다.

★ 연상되는 낱말 찾기 ★

냄새, 씹다, 급식

★ 짧은 글짓기 ★

• **예** 6학년 형들이 1학년에게 한 달 동안 급식을 해 주었다.
• **예** 아이들이 초봄에 눈이 내리자 모두 창밖을 쳐다보았다.
• **예** 엄마가 아침에 길에서 차를 조심하라고 말씀하셨다.

 **낱말 쌈 싸 먹기**

★ 맞춤법 ★

스케치북

해설 스케치북을 영어로 적으면 'sketchbook'으로 이때 e 발음은 우리말 'ㅔ'로 표기합니다. 이렇게 'ㅔ'가 들어가는 글자는 혼동하기 쉽습니다. 'ㅔ'를 'ㅐ'로 잘못 쓰지 않도록 주의합니다.

★ 띄어쓰기 ★

㉮

해설 '마리'는 짐승이나 물고기, 벌레 따위를 세는 단위로 앞말과 띄어 씁니다.

★ 관용어 ★

기역 자

해설 그림은 아이가 아까 풀었던 문제와 같은 문제인데도 이해하지 못하는 상황을 표현하고 있습니다. 이런 상황과 어울리는 속담에는 '낫 놓고 기역 자도 모른다'가 있습니다. '낫 놓고 기역 자도 모른다'는 '기역 자 모양으로 생긴 낫을 보면서도 기역 자를 모른다는 뜻으로, 아주 무식함을 비유적으로 이르는 말'이라는 뜻을 갖고 있습니다.

★ 한자어 ★

地下(지하), 日記(일기)

22 회 | 100~102쪽

 낱말은 쏙쏙! 생각은 쑥쑥!

★ 그림으로 낱말 찾기 ★

❶ 붐비다 ❷ 성묘 ❸ 싣다 ❹ 도로 ❺ 열매

★ 낱말 뜻 알기 ★

❶ 과일, 채소 ❷ 서운 ❸ 좁은, 많은 ❹ 산소, 추석
❺ 물체, 수레

★ 낱말 친구 사총사 ★

❷

해설 ❶, ❸, ❹에 쓰인 '싣고, 실어'는 '물체를 운반하기 위하여 차, 배, 수레, 비행기, 짐승의 등 따위에 올리다.'라는 뜻으로 사용되었고, ❷에 쓰인 '실렸어'는 '글, 그림, 사진 등을 책이나 신문 등의 출판물에 내다.'라는 뜻으로 사용되었습니다.

★ 연상되는 낱말 찾기 ★

열매, 도로, 성묘

★ 짧은 글짓기 ★

• 예 농부가 밭에서 땀 흘리며 씨앗을 뿌렸다.
• 예 우리 학교는 운동회 때 운동장에서 멋진 행사를 한다.
• 예 나는 횡단보도에서 친구와 헤어지기가 아쉬워서 자꾸 뒤를 돌아보았다.

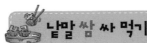

★ 맞춤법 ★

짜장면 → 자장면

해설 '자장면'은 '짜장면'으로 잘못 쓰기 쉬운 말입니다. '자장면'은 외래어로 외래어 표기법 규정상 'ㄱ, ㄷ, ㅂ, ㅅ, ㅈ' 표기에는 된소리를 쓰지 않는 것을 원칙으로 하므로 '자장면'으로 적기 때문에 바르게 기억하여 둡니다.

★ 띄어쓰기 ★

㉮

해설 '단풍잎'은 '단풍'과 '잎'이 하나로 합쳐져서 쓰이는 낱말입니다.

★ 관용어 ★

나는 놈

해설 그림은 휴대 전화 문자 찍는 속도를 친구에게 자랑했는데, 친구가 나보다 훨씬 더 빨리 찍는 상황을 표현하고 있습니다. 이런 상황과 어울리는 속담에는 '뛰는 놈 위에 나는 놈 있다'가 있습니다. '뛰는 놈 위에 나는 놈 있다'는 '아무리 재주가 뛰어나다 하더라도 그보다 더 뛰어난 사람이 있다는 뜻으로, 스스로 뽐내는 사람을 경계하여 이르는 말'이라는 뜻을 갖고 있습니다.

★ 한자어 ★

학수고대(鶴首苦待)

해설 • 일심동체(一心同體) : 한마음 한 몸이라는 뜻으로, 서로 굳게 결합함을 이르는 말.
• 학수고대(鶴首苦待) : 학처럼 목을 길게 빼고 기다린다는 뜻으로, 몹시 기다림을 이르는 말.
• 기고만장(氣高萬丈) : 기운이 만 장이나 뻗쳤다는 뜻으로, 펄펄 뛸 만큼 대단히 성이 나거나 일이 뜻대로 잘될 때, 우쭐하여 뽐내는 기세가 대단함을 이르는 말.

★ 그림으로 낱말 찾기 ★

❶ 배경 ❷ 맞추다 ❸ 밑그림 ❹ 물감 ❺ 색칠하다

★ 낱말 뜻 알기 ★

❶ 경치 ❷ 색깔 ❸ 대강(대충) ❹ 사건, 인물
❺ 두르거, 감거

★ 낱말 친구 사총사 ★

❸

해설 ❶, ❷, ❹에 쓰인 '맞추는, 맞추어서, 맞추어'는 '서로 떨어져 있는 부분을 제자리에 맞게 대어 붙이다.'라는 뜻으로 사용되었고, ❸에 쓰인 '맞추려고'는 '다른 사람의 의도나 의향 따위에 맞게 행동하다.'라는 뜻으로 사용되었습니다.

★ 연상되는 낱말 찾기 ★

물감, 주인공, 동여매다

★ 짧은 글짓기 ★

• 예 내 동생은 자면서 몸을 많이 움직인다.
• 예 나는 스케치북에 연필로 밑그림을 그렸다.
• 예 내가 좋아하는 배우가 드라마에서 주인공을 맡았다.

★ 맞춤법 ★

옛날

해설 '옛날[옌:날]'은 '엔날'로 잘못 쓰기 쉬운 말입니다. 글자의 모양과 읽을 때의 소리가 다른 낱말은 틀리기 쉬우므로 바르게 기억하여 둡니다.

★ 띄어쓰기 ★

㉮

해설 '몇'은 뒤에 오는 말과 관련된 수를 물을 때 쓰는 말로, 뒷말과 띄어 씁니다.

★ 관용어 ★

들다

해설 그림은 아이가 아주 어려운 로봇 조립을 하다가 완성하지 못하고 그만둔 상황을 표현하고 있습니다. 이런 상황과 어울리는 관용구에는 '두 손 두 발 다 들다'가 있습니다. '두 손 두 발 다 들다'는 '자기 능력에서 벗어나 그만두다.'라는 뜻을 갖고 있습니다.

★ 한자어 ★

民主(민주), 少數(소수)

★ 그림으로 낱말 찾기 ★

❶ 송골송골 ❷ 소복하다 ❸ 둥지 ❹ 매달리다 ❺ 캐다

★ 낱말 뜻 알기 ★

❶ 은혜 ❷ 알 ❸ 쌓이, 볼록 ❹ 땅속, 식물 ❺ 소름, 살갗

★ 낱말 친구 사총사 ★

❹

해설 ❶, ❷, ❸에 쓰인 '매달리는지, 매달려'는 '어떤 것을 붙잡고 늘어지다.'라는 뜻으로 사용되었고, ❹에 쓰인 '매달리는'은 '어떤 일에 관계하여 거기에만 몸과 마음이 쏠려 있다.'라는 뜻으로 사용되었습니다.

★ 연상되는 낱말 찾기 ★

둥지, 캐다, 돌부리

★ 짧은 글짓기 ★

• **예** 나무꾼이 한낮에 이마에 송골송골 맺힌 땀을 닦았다.
• **예** 까치는 동틀 무렵 은혜에 보답하려고 머리로 종을 쳤다.
• **예** 한 나그네가 비바람이 치는 밤에 문을 두드렸다.

낱말 쌈 싸 먹기

★ 맞춤법 ★

전하번호 → 전화번호

해설 'ㅘ'가 들어가는 글자는 혼동하기 쉽습니다. 'ㅘ'를 'ㅏ'로 잘못 쓰지 않도록 주의합니다.

★ 띄어쓰기 ★

㉯

해설 '내려오다'는 '높은 곳에서 낮은 곳으로 또는 위에서 아래로 가다.'라는 뜻으로, 붙여서 한 낱말로 씁니다.

★ 관용어 ★

하늘, 구멍

해설 그림은 상대할 팀이 우승 후보로 꼽힐 만큼 강하지만 그래도 이길 수 있는 방법이 있을 거라고 이야기하는 상황을 표현하고 있습니다. 이런 상황과 어울리는 속담에는 '하늘이 무너져도 솟아날 구멍이 있다'가 있습니다. '하늘이 무너져도 솟아날 구멍이 있다'는 '아무리 어려운 경우에 처하더라도 살아 나갈 방도가 생긴다는 말'이라는 뜻을 갖고 있습니다.

★ 한자어 ★

약육강식(弱肉強食)

해설 • 약육강식(弱肉強食) : 약한 자가 강한 자에게 먹힌다는 뜻으로, 강한 자가 약한 자를 희생시켜서 번영하거나, 약한 자가 강한 자에게 끝

내는 멸망됨을 이르는 말.
• 동고동락(同苦同樂) : 괴로움과 즐거움을 함께한다는 뜻으로, 같이 고생하고 같이 즐기는 것을 이르는 말.
• 장유유서(長幼有序) : 어른과 어린이 사이에는 순서와 질서가 있다는 뜻으로, 어른과 어린이 사이의 도리는 엄격한 차례가 있고 복종해야 할 질서가 있음을 이르는 말.

★ 그림으로 낱말 찾기 ★

❶ 시계 ❷ 정류장 ❸ 타다 ❹ 떠나다
❺ 도착하다 ❻ 남다

★ 낱말 뜻 알기 ★

❶ 다른 ❷ 방법, 미리 ❸ 시간, 기계 ❹ 목적, 수단
❺ 버스, 태우

★ 낱말 친구 사총사 ★

❷

해설 ❶, ❸, ❹에 쓰인 '타, 타야, 타고'는 '탈것이나 짐승의 등 따위에 몸을 얹다.'라는 뜻으로 사용되었고, ❷에 쓰인 '탔어'는 '피부가 햇볕을 오래 쬐어 검은색으로 변하다.'라는 뜻으로 사용되었습니다.

★ 연상되는 낱말 찾기 ★

시계, 계획표, 도착하다

★ 짧은 글짓기 ★

• **예** 할아버지는 음식물 쓰레기를 줄이기 위해 남은 밥을 개한테 주었다.
• **예** 엄마와 나는 할머니 댁에 가려고 정류장에서 버스를 기다렸다.
• **예** 나는 게임이 하고 싶어서 게임기의 사용 방법을 이모에게 물어봤다.

낱말 쌈 싸 먹기

★ 맞춤법 ★

잊어버렸다

해설 '잃어버리다'는 '가졌던 물건이 자신도 모르게 없어져 그것을 아주 갖지 않게 되다.'라는 뜻이고, '잊어버리다'는 '기억해 두어야 할 것을 한순간 전혀 생각해 내지 못하다.'라는 뜻입니다. 따라서 문장에 어울리는 낱말은 '잊어버렸다'입니다.

★ 띄어쓰기 ★

㉯

해설 '생굿생굿'은 '눈과 입을 살며시 움직이며 소리 없이 가볍게 자꾸 웃는 모양'을 뜻하는 말로, 붙여서 한 낱말로 씁니다.

★ 관용어 ★

열두 번

해설 그림은 놀다가 자꾸 다치는 아이가 하루에도 여러 번 보건실에 가는 상황을 표현하고 있습니다. 이런 상황과 어울리는 관용구에는 '하루에도 열두 번'이 있습니다. '하루에도 열두 번'은 '매우 빈번하게'라는 뜻을 갖고 있습니다.

★ 한자어 ★

海軍(해군), 空軍(공군)

---

26 회 | 116~118쪽

낱말은 쏙쏙! 생각은 쑥쑥!

★ 그림으로 낱말 찾기 ★

❶ 도서실 ❷ 속삭이다 ❸ 나란히 ❹ 찡그리다 ❺ 낙서

★ 낱말 뜻 알기 ★

❶ 잠긴 ❷ 이리저리 ❸ 글자(글씨), 장난 ❹ 책, 글
❺ 알아듣지, 목소리

★ 낱말 친구 사총사 ★

❹

해설 ❶, ❷, ❸에 쓰인 '여는, 열, 열어'는 '닫히거나 잠긴 것을 트거나 벗다.'라는 뜻으로 사용되었고, ❹에 쓰인 '열어'는 '모임이나 회의 등을 시작하다.'라는 뜻으로 사용되었습니다.

★ 연상되는 낱말 찾기 ★

도서실, 낙서, 나란히

★ 짧은 글짓기 ★

• **예** 나는 집에 오자마자 책상에 앉아 숙제를 했다.
• **예** 오누이는 이튿날 길을 잃고 숲 속을 헤맸다.
• **예** 엄마가 온종일 머리가 아프다고 얼굴을 찡그리셨다.

낱말 쌈 싸 먹기

★ 맞춤법 ★

참뫼 → 참외

해설 '참외[차뫼/차붸]'는 '참뫼' 또는 '차뫼'로 잘못 쓰기 쉬운 말입니다. 글자의 모양과 읽을 때의 소리가 다른 낱말은 틀리기 쉬우므로 바르게 기억하여 둡니다.

★ 띄어쓰기 ★

㉯

해설 '켤레'는 신, 양말, 버선, 방망이 따위의 짝이 되는 두 개를 한 벌로 세는 단위로, 앞말과 띄어 씁니다.

★ 관용어 ★

코, 땅

해설 그림은 아이들이 학교에서 교장 선생님께 허리를 깊이 숙여 정중하게 인사하는 상황을 표현하고 있습니다. 이런 상황과 어울리는 관용구에는 '코가 땅에 닿다'가 있습니다. '코가 땅에 닿다'는 '머리를 깊이 숙이다.'라는 뜻을 갖고 있습니다.

★ 한자어 ★

공명정대(公明正大)

해설 • 백발백중(百發百中) : 백 번 쏘아 백 번 맞힌다는 뜻으로, 무슨 일이나 틀림없이 잘 들어맞음을 뜻하는 말.
• 자업자득(自業自得) : 자기의 업을 스스로 받는다는 뜻으로, 자기가 저지른 일의 결과를 자기가 받음을 이르는 말.
• 공명정대(公明正大) : 마음이 공평하고 사심이 없으며 밝고 크다는 뜻으로, 하는 일이나 태도가 사사로움이나 그릇됨이 없이 아주 정당하고 떳떳함을 이르는 말.

---

27 회 | 120~122쪽

낱말은 쏙쏙! 생각은 쑥쑥!

★ 그림으로 낱말 찾기 ★

❶ 꾸미다 ❷ 박다 ❸ 난로 ❹ 겨울잠 ❺ 무리

★ 낱말 뜻 알기 ★

❶ 조심 ❷ 두들겨(두드려) ❸ 위험, 돌봄 ❹ 강조
❺ 겨울, 땅속

★ 낱말 친구 사총사 ★

❹

해설 ❶, ❷, ❸에 쓰인 '꾸미고, 꾸미는, 꾸몄어'는 '모양이 나게 매만져 차리거나 손질하다.'라는 뜻으로 사용되었고, ❹에 쓰인 '꾸며'는 '거짓이나 없는 것을 사실인 것처럼 지어내다.'라는 뜻으로 사용되었습니다.

★ 연상되는 낱말 찾기 ★

난로, 박다, 무리

★ 짧은 글짓기 ★

• **예** 개구리가 땅속에서 겨울잠을 잔다.
• **예** 나는 골목에서 자동차에 주의하면서 자전거를 탔다.
• **예** 길을 잃은 아이가 경찰서에서 보호를 받았다.

낱말 쌈 싸 먹기

★ 맞춤법 ★

찌개

해설 'ㅐ'와 'ㅔ'는 발음이 비슷하여 혼동하기 쉽습니다. 잘못 쓰지 않도록 주의합니다.

★ 띄어쓰기 ★

㉯

해설 '가을밤'은 '가을'과 '밤'이 하나로 합쳐져서 쓰이는 낱말입니다.

★ 관용어 ★

장날

해설 그림은 자장면을 사 주려고 했는데 뜻하지 않게 식당이 문을 닫은 상황을 표현하고 있습니다. 이런 상황과 어울리는 속담에는 '가는 날이 장날'이 있습니다. '가는 날이 장날'은 '일을 보러 가니 공교롭게 장이 서는 날이라는 뜻으로, 어떤 일을 하려고 하는데 뜻하지 않은 일을 공교롭게 당함을 비유적으로 이르는 말'이라는 뜻을 갖고 있습니다.

★ 한자어 ★

時間(시간), 食事(식사)

28 회 | 124~126쪽

낱말은 쏙쏙! 생각은 쑥쑥!

★ 그림으로 낱말 찾기 ★

① 당기다 ② 춥다 ③ 날리다 ④ 노래 ⑤ 바람개비

★ 낱말 뜻 알기 ★

① 노는 ② 바람 ③ 기온 ④ 세차게 ⑤ 날고, 안전

★ 낱말 친구 사총사 ★

①

해설 ②, ③, ④에 쓰인 '당겨, 당기며, 당겨서'는 '물건 등을 힘을 주어 자기 쪽이나 일정한 방향으로 가까이 오게 하다.'라는 뜻으로 사용되었고, ①에 쓰인 '당겼어'는 '정한 시간이나 기일을 앞으로 옮기거나 줄이다.'라는 뜻으로 사용되었습니다.

★ 연상되는 낱말 찾기 ★

노래, 바람개비, 춥다

★ 짧은 글짓기 ★

• 예 아빠가 내 생일을 축하해 주려고 장난감을 선물하셨다.
• 예 나는 바람이 불어서 옥상에서 종이비행기를 날렸다.
• 예 우리는 기분이 좋아서 큰 소리로 노래를 불렀다.

낱말 쌈 싸 먹기

★ 맞춤법 ★

핑게 → 핑계

해설 'ㅔ'와 'ㅖ'는 발음이 비슷하여 혼동하기 쉽습니다. 잘못 쓰지 않도록 주의합니다.

★ 띄어쓰기 ★

㉯

해설 '옛'은 '지나간 때의'라는 뜻을 나타내는 말로, 뒷말과 띄어 씁니다.

★ 관용어 ★

독, 쥐

해설 그림은 물건을 훔쳐 달아나던 도둑이 경찰에게 완전히 포위된 상황을 표현하고 있습니다. 이런 상황과 어울리는 관용구에는 '독 안에 든 쥐'가 있습니다. '독 안에 든 쥐'는 '궁지에서 벗어날 수 없는 처지를 비유적으로 이르는 말'이라는 뜻을 갖고 있습니다.

★ 한자어 ★

일석이조(一石二鳥)

해설 • 일석이조(一石二鳥) : 한 개의 돌을 던져 두 마리의 새를 맞혀 떨어뜨린다는 뜻으로, 한 가지 일을 해서 두 가지 이익을 얻음을 이르는 말.
• 진퇴양난(進退兩難) : 나아갈 수도 물러설 수도 없는 궁지에 빠졌다는 뜻으로, 이러지도 저러지도 못하는 어려운 처지를 이르는 말.
• 사면초가(四面楚歌) : 사방에서 들리는 초나라의 노래라는 뜻으로, 아무에게도 도움을 받지 못하는 외롭고 곤란한 지경에 빠진 형편을 이르는 말.

29 회 | 113~116쪽

낱말은 쏙쏙! 생각은 쑥쑥!

★ 그림으로 낱말 찾기 ★

① 항아리 ② 실수 ③ 두드리다 ④ 김장하다 ⑤ 젖다

★ 낱말 뜻 알기 ★

① 승부 ② 간섭, 끼침 ③ 시간 ④ 김치, 담그다
⑤ 어리광, 버릇 ⑥ 조심, 잘못

★ 낱말 친구 사총사 ★

②

해설 ①, ③, ④에 쓰인 '젖었어, 젖은'은 '물이 배어 축축하게 되다.'라는 뜻으로 사용되었고, ②에 쓰인 '젖어'는 '어떤 심정에 잠기다.'라는 뜻으로 사용되었습니다.

★ 연상되는 낱말 찾기 ★

항아리, 두드리다, 김장하다

★ 짧은 글짓기 ★

- 예 낭비가 심한 엄마가 백화점에서 비싼 옷을 마구 사셨다.
- 예 나는 놀이터에서 친구와 팔씨름을 겨루었다.
- 예 꼬마가 차 안에서 할아버지께 응석을 부렸다.

★ 맞춤법 ★

풀잎

해설 '풀잎[풀립]'은 '풀입'으로 잘못 쓰기 쉬운 말입니다. 글자의 모양과 읽을 때의 소리가 다른 낱말은 틀리기 쉬우므로 바르게 기억하여 둡니다.

★ 띄어쓰기 ★

㉯

해설 '잡아먹다'는 '동물을 죽여 그 고기를 먹다.'라는 뜻으로, 붙여서 한 낱말로 씁니다.

★ 관용어 ★

살얼음

해설 그림은 자고 있는 개 앞을 형제가 겁을 내며 조심조심 지나가는 상황을 표현하고 있습니다. 이런 상황과 어울리는 관용구에는 '살얼음을 밟듯이'가 있습니다. '살얼음을 밟듯이'는 '겁이 나서 매우 조심스럽게'라는 뜻을 갖고 있습니다.

★ 한자어 ★

植木日(식목일), 五月(오월)

30 회 | 132~134쪽

 낱말은 쏙쏙! 생각은 쑥쑥!

★ 그림으로 낱말 찾기 ★

❶ 태극기 ❷ 무궁화 ❸ 마시다 ❹ 태우다 ❺ 연기

★ 낱말 뜻 알기 ★

❶ 종류 ❷ 불씨, 타게 ❸ 액체, 목구멍 ❹ 기체
❺ 국기, 태극

★ 낱말 친구 사총사 ★

❹

해설 ❶, ❷, ❸에 쓰인 '내려, 내렸어, 내릴'은 '탈것에서 밖이나 땅으

로 옮아가다.'라는 뜻으로 사용되었고, ❹에 쓰인 '내리다가'는 '위에 올려져 있는 물건을 아래로 옮기다.'라는 뜻으로 사용되었습니다.

★ 연상되는 낱말 찾기 ★

무궁화, 마시다, 가꾸다

★ 짧은 글짓기 ★

- 예 경비 아저씨가 쓰레기를 분류 배출하는 시간을 알려 주셨다.
- 예 나는 돋보기로 햇빛을 모아 종이를 태웠다.
- 예 엄마는 큰 화분에 채소를 가꾸셨다.

★ 맞춤법 ★

해도지 → 해돋이

해설 '해돋이[해도지]'는 '해도지'로 잘못 쓰기 쉬운 말입니다. 글자의 모양과 읽을 때의 소리가 다른 낱말은 틀리기 쉬우므로 바르게 기억하여 둡니다. 참고로 해돋이가 '해도지'로 발음되는 것은 'ㅣ' 모음 앞에서 ㄷ이 ㅈ으로 발음되는 구개음화 현상이 일어났기 때문입니다.

★ 띄어쓰기 ★

㉯

해설 '이리저리'는 '말이나 행동을 뚜렷하게 정함이 없이 이러하고 저러하게 되는 대로 하는 모양.'을 뜻하는 말로, 붙여서 한 낱말로 씁니다.

★ 관용어 ★

밥, 콩

해설 그림은 엄마가 딸기를 똑같이 담아 주었지만, 서로 상대방 딸기가 많다고 말하는 상황을 표현하고 있습니다. 이런 상황과 어울리는 속담에는 '남의 밥에 든 콩이 굵어 보인다'가 있습니다. '남의 밥에 든 콩이 굵어 보인다'는 '물건은 남의 것이 제 것보다 더 좋아 보이고, 일은 남의 일이 제 일보다 더 쉬워 보임을 비유적으로 이르는 말'이라는 뜻을 갖고 있습니다.

★ 한자어 ★

천고마비(天高馬肥)

해설 • 마이동풍(馬耳東風) : 동쪽에서 부는 바람이 말의 귀를 스쳐 간다는 뜻으로, 남의 말을 귀담아듣지 않고 지나쳐 흘려 버림을 이르는 말.
• 천고마비(天高馬肥) : 하늘이 높고 말이 살찐다는 뜻으로, 하늘이 맑아 높푸르게 보이고 온갖 곡식이 익는 가을철을 이르는 말.
• 주마간산(走馬看山) : 말을 타고 달리며 산천을 구경한다는 뜻으로, 자세히 살피지 않고 대충대충 보고 지나감을 이르는 말.

가로·세로 낱말 만들기

01 회 | 15쪽

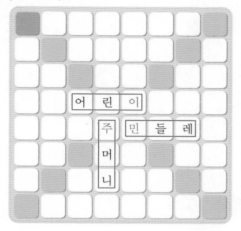

어린이
주 민들레
머
니

02 회 | 19쪽

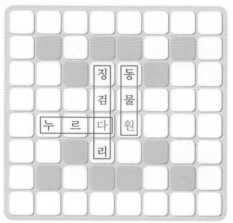

징 동
검 물
누르다 원
리

03 회 | 23쪽

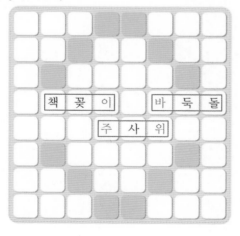

책꽂이 바둑돌
주사위

04 회 | 27쪽

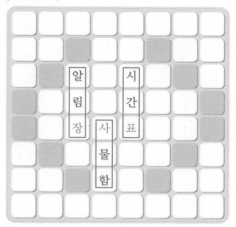

알 시
림 간
장 사 표
물
함

05 회 | 31쪽

살피다
신호등
표지판

06 회 | 35쪽

재 미
료 소 감 상
풍 경

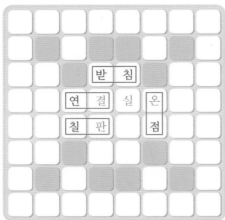

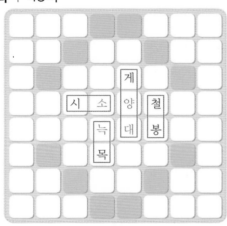

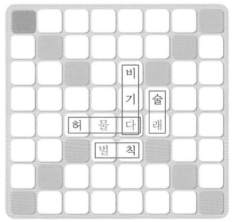

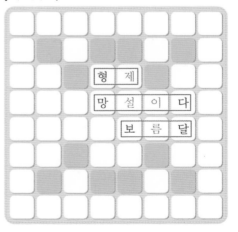

13 회 | 63쪽

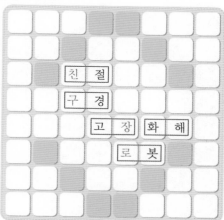

14 회 | 67쪽

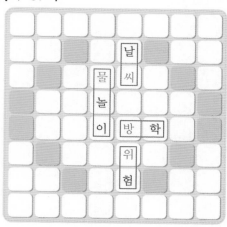

15 회 | 71쪽

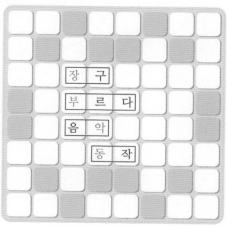

16 회 | 75쪽

17 회 | 79쪽

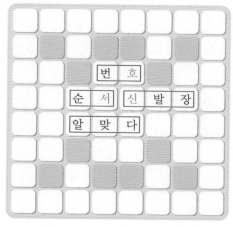

18 회 | 83쪽

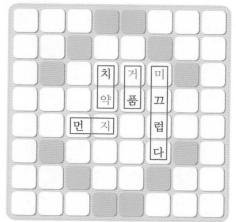

19 회 | 87쪽

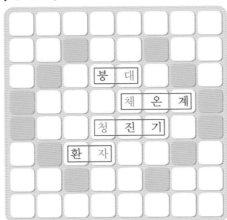

22 회 | 99쪽

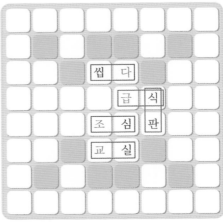

20 회 | 91쪽

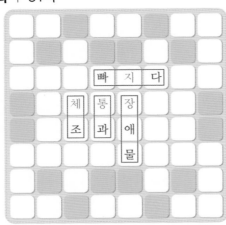

23 회 | 103쪽

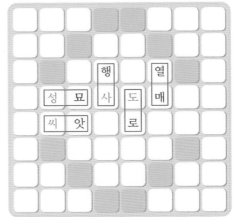

21 회 | 95쪽

24 회 | 107쪽

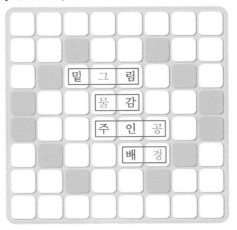

25 회 | 111쪽

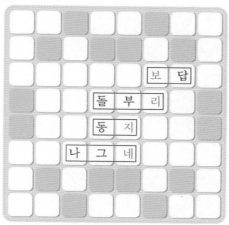

26 회 | 115쪽

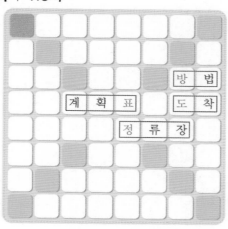

27 회 | 119쪽

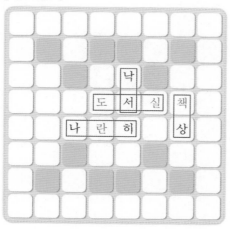

28 회 | 123쪽

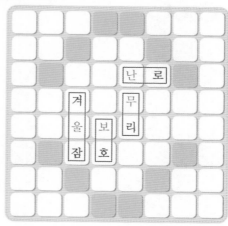

29 회 | 127쪽

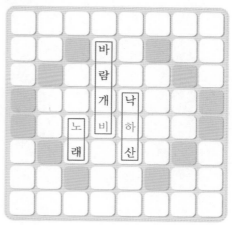

30 회 | 131쪽

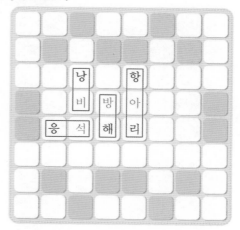

note